potagers en carrés

Pierre-Yves Nédélec

potagers en carrés

marabout

Maquette : Les PAOistes

Les photographies de cet ouvrage ont été réalisées par Joelle Caroline Mayer et Gilles Le Scanff, sauf : P. 1, 2-3, 6-7, 9 11, 13, 15, 38-39, 40 à 60, 64 à 71, 150-151, 166-167, 178-179, 191, 206-207, 211, 219, 222, 228-229 : © Shutterstock
P. 42, citronnelle ; 44, arroche et poireau perpétuel ; 46, fenouil ; 48, persil japonais ; 52, oca, tomate 'ananas' et cresson de Para ; 54, chou palmier ; 56, fenouil : © Pierre-Yves Nédélec.
P. 48, mâche chinoise ; 52, épinard-fraise : © D.R.
P. 44, oseille épinard : © Dominique VERNIER/Fotolia.

sommaire

introduction ... 6
15 idées de carrés ... 38
légumes du potager ... 70
légumes oubliés ... 150
petits fruits ... 166
aromates ... 178
fleurs ... 206
annexes ... 228

introduction

le potager en carrés

D'une conception astucieuse et ludique, le potager cultivé en carrés a déjà fait de nombreux adeptes. Économique, il permet d'optimiser la production des légumes variés qui poussent sur un espace restreint. Et ce, en un minimum de temps pour le bonheur des petits et des grands.

une approche moderne

Adapté d'un modèle américain imaginé par Mel Bartholomew, le potager en carrés a été révélé au grand public il y a plus de 10 ans par Jean-Paul Collaert et Éric Prédine. Les crises sanitaires et économiques ainsi que la forte percée du bio ont depuis stimulé les jardiniers à reprendre le chemin du potager. Le plaisir de cultiver ses propres légumes, l'assurance de savoir ce que l'on mange et les économies réalisées sont autant de bonnes raisons de faire un potager. Par manque d'espace pour cultiver et de temps à y consacrer, le néojardinier se tourne désormais vers ce nouveau concept qu'est le très productif potager en carrés. C'est d'autant plus pratique qu'on trouve aujourd'hui dans les jardineries des modèles en kit à poser sur la pelouse, sur la terrasse et jusque sur le balcon.

un concept simple

Le principe du potager en carrés consiste à cultiver des légumes dans un carré de 120 cm de côté, petit et facile d'accès, cerné d'un cadre en planches de coffrage. Le carré de base est lui-même divisé en 16 cases de 30 cm de côté permettant la culture simultanée de 16 variétés de plantes. La rotation dans chaque case se fera ensuite dans un ordre précis. Selon ses besoins, chacun peut multiplier à sa guise le nombre de carrés de base séparés par des allées. Le principe, qui a fait ses preuves, respecte la rotation des cultures. Ainsi, on n'enchaînera pas dans une même case deux cultures de la même famille botanique ni de la même catégorie (légume-feuille, légume-fruit, légume-racine…). Le potager en carrés privilégie les variétés à cycle court à la fois pour récolter au plus vite de jeunes légumes mais aussi pour laisser la place à d'autres variétés. L'entretien d'un tel potager se limite à deux heures par semaine.

miser sur la diversité

Un potager équilibré accueille des légumes variés qui s'y succèdent tout en entretenant la fertilité du sol. La rotation des cultures et de judicieuses associations de légumes réduiront les risques de maladies et les attaques de parasites.

une histoire de familles

Il est primordial de connaître la famille à laquelle appartient un légume. En effet, un légume ne doit pas céder sa place dans une case à un autre de la même famille, sous peine de risquer l'arrivée de maladies, des attaques de parasites et un déséquilibre du sol.

- Les Alliacées (Liliacées) : ail, échalote, oignon, poireau…
- Les Apiacées (Ombellifères) : carotte, céleri, fenouil, panais, persil…
- Les Astéracées (Composées) : artichaut, cardon, chicorée, laitue, scorsonère, topinambour…
- Les Brassicacées (Crucifères) : chou, chou-fleur, chou de Bruxelles, navet, radis…
- Les Chénopodiacées : betterave, épinard, poirée…
- Les Cucurbitacées : concombre, courge, melon, potiron…
- Les Fabacées (Légumineuses) : haricot, pois, fève…
- Les Solanacées : aubergine, piment, poivron, pomme de terre, tomate…

la ronde des légumes

La règle de la rotation des cultures veut aussi qu'on ne fasse jamais se succéder deux plantes dont on consomme les mêmes organes (feuilles, racines, fruits…), sous peine de vite épuiser les éléments minéraux du sol.

- Les légumes-fruits : aubergine, courgette, poivron, tomate…
- Les légumes-feuilles : cresson, épinard, laitue, poireau, poirée…
- Les légumes-racines : betterave, carotte, navet, radis, topinambour…
- Les légumes-graines : fève, haricot, pois…

les bonnes interactions

Pour chaque légume, nous proposons une ou plusieurs associations favorables à un bon équilibre des cultures. Par exemple, l'oignon et le poireau éloignent la mouche de la carotte. La tomate ou le céleri plantés à proximité du chou éloignent un papillon, la piéride, qui pond ses œufs sur les choux et dont les larves dévorent le feuillage. La tomate est efficace aussi contre la mouche du chou. L'ail semble tenir la pourriture grise à bonne distance des fraisiers.

les fleurs auxiliaires

Certaines fleurs sont utiles au potager : les racines des tagètes et des œillets d'Inde sécrètent au niveau de leurs racines des substances contre ces petits vers qui affectent le chou, la carotte et le céleri. L'œillet d'Inde protège aussi la tomate contre le mildiou. La capucine attire les pucerons. Les plantes aromatiques comme la sauge et le thym s'avèrent utiles pour éloigner les pucerons. Autant de cultures associées qui vous épargneront l'emploi de pesticides.

penser son potager

Un premier potager est une belle aventure qui débute souvent avec l'arrivée des beaux jours. Mais elle demande de l'organisation et un minimum d'équipement.

une surface à votre mesure

Débutez avec 2 carrés de 120 cm de côté pour vous faire la main. Un jeune couple avec un enfant pourra cultiver entre 4 et 6 carrés pour satisfaire les besoins de la famille une grande partie de l'année. Un végétarien veillera sur près de neuf carrés. Au delà, mieux vaut repasser au potager traditionnel. Pour initier votre enfant au jardinage, confiez-lui un carré de seulement 90 cm de côté divisé en 9 cases, ces dimensions, adaptées à sa taille, lui permettront d'atteindre le carré central.

une bonne exposition

Pour réussir votre potager, choisissez une parcelle de terrain plate sur la pelouse ou sur les dalles de la terrasse. L'endroit doit être baigné de soleil et abrité des vents froids. Évitez la proximité des arbustes et des arbres qui apportent de l'ombre.

dessiner le potager

Disposez les carrés avec la rigueur d'un tracé à la française. Le résultat est toujours agréable à l'œil et l'entretien en sera facilité. Prévoyez entre chaque carré un passage ou une allée de 60 à 80 cm de largeur. Les légumes et les fleurs ont tendance à déborder des cases ! Un potager à 4 carrés de 120 cm de côté occupera près de 5 m^2 au sol, allées comprises.

l'outillage

Contrairement au potager traditionnel, l'entretien du potager en carrés réclame bien peu d'outil et matériel. Prévoyez un cordeau et de la ficelle pour le tracé des cases, un transplantoir, une griffe à petit manche, un râteau et un arrosoir. Pour repérer vos semis, procurez-vous des étiquettes et pour damer le semis, une petite planche suffira. Pour supporter vos légumes à ramer prévoyez des tuteurs, un filet à haricot ou un treillage en fer à béton.

le point d'eau

Même dans une région à forte pluviométrie, il est illusoire de créer un potager sans point d'eau. Dès le départ,

prévoyez une arrivée d'eau enterrée avec un robinet à proximité afin de limiter les allées et venues avec de lourds arrosoirs. À défaut, tirez un tuyau jusqu'à une réserve d'eau de type tonneau classique ou récupérateur d'eau de pluie en PVC.

le silo à compost

Le recyclage des déchets verts est une préoccupation d'actualité. Installez un silo à compost du commerce, à l'écart du potager. Vous y placerez les fanes de vos légumes et les mauvaises herbes, qui, par fermentation, se décomposeront en six à neuf mois. Vous obtiendrez alors un excellent compost « maison », riche en matières organiques indispensables à la croissance des légumes et à l'équilibre du sol. Les activateurs de compost accéléreront la transformation des déchets.

le châssis

Depuis peu, on trouve dans les jardineries et sur les sites spécialisés des châssis et tunnels en plastique pour couvrir un carré du potager. C'est pratique pour les premiers semis, les cultures hâtives et les légumes frileux. À défaut, vous pourrez toujours recouvrir les plants avec une cloche sans oublier les voiles de forçage et les housses pour tomates.

construire son carré

Nul besoin d'être un bon bricoleur pour assembler les côtés d'un potager. La structure posée sur une surface plane retient le terreau où vous cultivez vos légumes.

le matériel nécessaire

Dans une grande surface de bricolage, vous trouvez aisément tout les éléments qu'il vous faut pour mettre en œuvre votre projet. Par un carré de base, il vous faut des planches de coffrage à faire couper sur place en 120 cm de longueur. C'est le moyen le plus sûr d'avoir des coupes à angle droit. L'idéal est une planche de coffrage en pin ayant une épaisseur de 35 mm et une hauteur de 18 à 20 cm. Même si leur durée de vie est plus longue, évitez les bois traités ainsi que les bois exotiques. N'oubliez pas d'acheter 4 cornières métalliques par carré ainsi que des vis-bois en inox.

l'assemblage

Le montage du cadre en bois est très simple. Commencez par assembler les 2 premières planches en faisant se chevaucher les bords. Effectuez deux pré-trous avec une mèche de visseuse avant d'assembler avec des vis à bois. Aidez vous en calant une des planches contre un mur. Terminez votre carré puis renforcez les angles intérieurs avec les cornières vissées. Vous pourrez alors colorer les faces extérieures avec une lasure acrylique de votre choix.

la mise en place

Tracez au cordeau le dessin de votre potager. Fichez en terre des piquets qui marqueront les angles de chacun des carrés cernés par les allées de 60 cm de large. Pour un rendu impeccable, tout doit être d'équerre. Pour garantir les angles droits, utilisez une grande équerre de maçon ou encore mieux la simple règle des 3-4-5. Retirez l'herbe et les cailloux à l'emplacement des futurs carrés de culture. Sinon, recouvrez le sol creusé sur 20 cm, d'un feutre géotextile qui fera barrage aux herbes tout en laissant l'eau circuler.

le terreau

À moins d'avoir une très belle terre comme celle d'un ancien potager, mieux vaut investir dans du terreau « spécial potager » vendu en sac dans les jardineries. Remplissez chaque carré jusqu'en haut des planches car le terreau finira vite par se tasser de 4 à 5 cm. Si vous voulez utiliser la terre du jardin, il faudra aussi l'enrichir avec du compost ou du fumier et peut être l'alléger avec du sable. Au final, vous devez obtenir un mélange de culture riche et aéré.

les structures

Sur la face nord des carrés, à chaque extrémité, fichez en terre de solides piquets en châtaignier. Ils serviront à soutenir un filet, un treillage en bois léger ou en fer à béton. Ainsi vous aurez créé une structure verticale qui sera prise d'assaut par un haricot grimpant, une courgette ou même un potiron. C'est autant de gain de place et de gestion de la lumière.

les allées

Avec leurs 60 cm de large, les allées peuvent être engazonnées à condition que la tondeuse ait la bonne largeur de coupe. Recouverte d'un feutre « anti-herbe », l'allée peut aussi être habillée de gravillons ou de caillebotis. Optez alors pour un modèle avec rainures anti-dérapantes.

conseils du potager en carré

à faire au potager

• Planifier ses cultures. C'est le b.a.-ba d'un potager bien géré. Prenez le temps de noter les variétés de légumes que vous souhaitez cultiver au cours de l'année. En fonction des dates de semis ou de plantation et des périodes de récoltes, optimisez la gestion de l'espace pour chaque case des carrés.

• Exploiter chaque cm². Comme la place est comptée vous devrez planter plus serré que dans un potager traditionnel. N'hésitez pas à effectuer des semis entre les légumes poussés. Les radis et le mesclun se glissent partout. Récoltez les légumes jeunes et tendres et replantez dès qu'une place se libère.

• Penser en 3D. Un potager est tout sauf plat. Les salades et les tomates prennent vite de l'ampleur. Il faut en tenir compte pour choisir les plantes voisines qui risquent de souffrir du manque de lumière. Exploitez tout l'espace en cultivant à la verticale les légumes grimpants sur un treillage à l'arrière du potager, côté nord.

• Étaler les semis. Les paquets de graines, notamment les plus fines, sont toujours trop pleins. Ne semez pas tout d'un coup d'autant que vous n'auriez pas assez de place. Espacez les semis d'une à deux semaines pour prolonger les récoltes comme on le fait avec les radis.

• Grouper les achats. Les barquettes de jeunes plants, les bottes de poireaux-baguette et les filets de semences de pommes de terre débordent. Partagez-les avec vos voisins pour mieux gérer vos achats et ne pas vous priver d'une grande variété de légumes, toujours en petites quantités.

• Arroser au pied. Ne gaspillez pas l'eau, si précieuse, en arrosant avec un tuyau d'arrosage. Concentrez l'apport au pied de chaque légume pour ne pas perdre une goutte d'eau. Un paillage adapté vous fera faire aussi de belles économies.

• Suivre de près. Visitez vos carrés chaque jour ne serait-ce que pour repérer un légume arrivé à maturité, arroser une plante assoiffée, identifier un début de maladie ou arracher une mauvaise herbe. Ces quelques minutes d'attention feront toute la différence.

à ne pas faire au potager

• Voir trop grand. Les carrés de 120 cm de large sont conçus pour jardiner sans mettre les pieds dans la terre. Et c'est ergonomique car chacun peut accéder au centre du potager en tendant le bras. Pour des légumes à portée de main, n'agrandissez pas le modèle de base.

• Miser sur l'ombre. Sous prétexte de canicule et de restriction d'eau, on pourrait être tenté d'implanter son potager dans un coin ombragé. Vos légumes auraient alors tendance à chercher la lumière et le manque de soleil direct se ferait vite sentir par des récoltes plus que médiocres.

• Démarrer trop tôt. C'est un travers courant chez le néophyte qui se laisse embarquer par l'offre, certes alléchante, mais décalée des jardineries et des grandes surfaces. Une gelée tardive peut alors décourager les meilleures volontés. Et ce n'est pas parce que vous aurez semé avec 15 jours d'avance que vous aurez gagné du temps.

• Remplir les carrés d'un seul coup. C'est tentant mais une fois que vous aurez tout récolté, votre potager sera bien vide. Planifier semis et plantation pour que vos carrés soient occupés une bonne partie de l'année. L'hiver c'est plus compliqué.

• Cultiver des plantes inadaptées. Un des principes du potager en carrés est de cultiver un grand nombre de légumes dans un espace restreint. Évitez les locataires trop encombrants comme la rhubarbe, le cardon ou les grosses variétés de chou qui plus est font trop d'ombre. Si vous ne pouvez vous en passer, consacrez-leur un carré entier.

• Cultiver des légumes à croissance lente. La rotation rapide des légumes dans les carrés est incompatible avec la culture de l'asperge, de l'artichaut ou du chou de Bruxelles. Si vous y tenez, réservez-leur un carré chacun.

• Épuiser la terre. Comme un légume chasse l'autre en peu de temps, la terre a besoin d'être enrichie régulièrement avec du compost ou du fumier. Sans ces apports, les rendements chuteraient vite. L'ordre de rotation des légumes a aussi son importance pour garder un potager productif et moins sensible aux maladies.

des graines et des plants

Le jardinier amateur dispose aujourd'hui d'une vaste gamme de semences traditionnelles ou biologiques. Les plants prêts à repiquer vous éviteront les aléas du semis.

les graines classiques

On trouve de nombreuses variétés traditionnelles et anciennes dans les catalogues et les présentoirs de graines potagères. Pour chaque légume, à vous de dénicher la variété qui correspond le mieux à votre région et à son climat, à votre terre et surtout à votre goût.

les hybrides F1

Cette mention suit ou précède le nom de variétés de légumes sélectionnées pour leur résistance aux maladies et au froid, leur précocité, leur bon rendement... Il vous faudra racheter ce type de semences chaque année.

les graines enrobées

Les graines protégées par une coque colorée composée d'éléments favorisant la germination peuvent se semer une à une, à bonne distance. La levée est régulière, la fonte* du semis moins risquée et l'éclaircissage inutile.

les graines en ruban

Pour faciliter la régularité des semis, les graines sont disposées à intervalles réguliers sur un ruban biodégradable. La levée est régulière et l'éclaircissage inutile. Idéal pour les débutants.

les graines en tapis

Très utiles pour le semis en barquette ou en pot, les tapis de graines présemées à égale distance les unes des autres sont simples d'utilisation.

les graines biologiques

Ces semences proviennent de porte-graines rustiques cultivés sans engrais chimique ni pesticides de synthèse selon les règles de la culture biologique.

les plants de légumes

Pour débuter un potager sans passer par l'étape du semis, vous pourrez acheter des plants en bottes, en mottes ou en godets. Le gain de temps n'est pas négligeable, et la reprise des légumes frileux est presque certaine. Les légumes qui ne se repiquent pas, comme la carotte ou le radis, seront toujours semés directement en place.

sachet étanche
sachet étanche

semer

Chaque légume doit être semé à une période bien précise. Les plantules bénéficieront de soins appropriés pour leur assurer un bon départ, gage de belles récoltes.

le semis sous abri

Pour offrir aux semences des légumes délicats, la chaleur et l'humidité dont elles ont besoin, le semis peut s'effectuer sous abri en serre, sous tunnel, sous châssis chauffé ou à la maison. Terrines, pots, caissettes de poissonnier, barquettes à frites ou pots de tourbe : tout ou presque peut servir de contenant que vous remplirez d'un terreau spécial semis ou d'un mélange léger à base de compost et de sable.

le semis en place

Il suffit souvent d'une belle journée de printemps pour que l'on ait envie d'effectuer les premiers semis. Dans un sol encore froid, la germination est plus lente, et les graines sont plus sensibles à la pourriture. Plus les graines germent vite, plus les plants sont vigoureux. Au dos des sachets de graines, on trouve de bonnes indications sur la date des semis et le suivi de la culture. Une case peut contenir entre 5 et 25 graines selon l'ampleur du légume.

l'éclaircissage

Même si vous n'avez pas semé très dru, il faudra éclaircir le semis après la levée. Cela consiste à supprimer les plantules en surnombre en les tirant à la main lorsqu'elles sont au stade de 2 à 3 vraies feuilles. Un copieux arrosage précédera l'opération. L'éclaircissage permet aussi de faire une sélection et de ne garder que le plant le plus vigoureux.

le repiquage

Les légumes semés en terrine ou en caissette doivent être repiqués en place au potager. Bien formés et endurcis, ils devront s'acclimater au plein air. Enfoncez le plantoir dans la terre pour ouvrir un trou dans lequel vous glisserez le plant bien droit. Tassez la terre contre ses racines en piquant le plantoir à proximité du premier trou puis arrosez copieusement. Vous pouvez aussi vous procurer de beaux plants, tout frais, sur les marchés locaux.

semer en terrine

Les graines fines, comme celles du basilic, des salades et des choux, se sèment aisément en terrine à condition de les recouvrir d'une couche fine de terreau et de plomber* le semis en tassant avec une petite planche. Arrosez en pluie fine. Couvrez la terrine d'une plaque de verre ou de film plastique alimentaire et placez-la en pleine lumière. La chaleur de fond d'un radiateur, d'une mini-serre ou d'un châssis favorisera la levée, qui sera obligatoirement suivie d'un repiquage.

semer en godet

Les légumes à grosses graines, et en particulier ceux qui sont sensibles au froid, seront semés, sous abri, en godets individuels. On plante généralement 2 à 3 graines par godet pour ne garder, après la levée, que le plus beau plant.

semer à la volée

Ce semis consiste à répartir les graines le plus régulièrement possible à la surface de la terre. Elles sont ensuite recouvertes de compost ou de sable. Le semis à la volée concerne les carottes, les laitues, le persil ou les engrais verts.

semer en poquet

Déposez au fond de chaque trou 3 à 5 grosses graines sur un lit de compost. Comblez puis tassez à la main pour former une petite cuvette qui retiendra l'eau de l'arrosage. Ce type de semis concerne les haricots, les pois, les courges, les melons, etc. Il exige que l'on ne conserve que les plus beaux plants.

planter

De nombreux légumes et plantes aromatiques sont désormais vendus en godets ou en mottes. Cela permet de tester de nouvelles variétés et dispense l'amateur de certains semis réputés délicats.

les plants en godets

Bien développés et pourvus d'un bon système racinaire, les plants homogènes élevés et vendus en godets de plastique sont prêts à planter, dès lors que les gelées ne sont plus à craindre. Retirez la motte du godet en pressant légèrement sur les côtés puis installez le plant dans un large trou ouvert avec un transplantoir. Tassez la terre à la main pour bien caler le plant et ramenez de la terre jusqu'à la base des feuilles. Arrosez ensuite généreusement au goulot.

les plants en mottes

Les jeunes plants de laitues, d'épinards, de choux, de tomates, de céleri et même de persil se commercialisent en petites mottes de tourbe rassemblées dans une barquette. Commencez par immerger les mottes dans une bassine d'eau avant de désolidariser celles qui sont soudées par les racines. Supprimez les feuilles de la base des plants de tomates et de choux pour les enterrer plus profondément.

les tubercules

Si vous souhaitez cultiver des pommes de terre, sachez que vous aurez le choix entre plusieurs stades de végétation pour des plants certifiés. Pour débuter ou tester une nouvelle variété, mieux vaut vous procurer des plants germés, vendus par 10 ou 25. C'est encore de trop pour le potager en carrés. Donnez le surplus à vos amis.

les bulbes et caïeux

Pour des raisons évidentes de temps et pour garantir une culture saine, les jardiniers amateurs n'ont aucun intérêt à semer certains légumes. Chacun peut se procurer et planter des tubercules de topinambour, des rhizomes de crosne, des caïeux d'échalote et des bulbes d'oignon.

protéger efficacement

L'amateur dispose d'un matériel léger et rapide à installer qui favorisera la germination et protégera les légumes du froid comme de la chaleur. Grâce à ce microclimat, vos légumes se développeront harmonieusement.

la housse de protection

En tout début de culture et en fin de saison, les pieds de tomate, d'aubergine ou de poivron peuvent être coiffés de housses spéciales. En accumulant la chaleur tout en permettant une bonne aération, elles assurent une meilleure croissance, des récoltes plus précoces et plus longues. Et c'est surtout très efficace contre le mildiou de la tomate.

la cloche de forçage

À la fois utiles et décoratives, les rééditions en verre ou en plastique translucide des cloches de maraîcher assurent un bon démarrage à des semis en poquet ou à de jeunes plants sensibles au froid (melon, pastèque ou concombre).

le voile de forçage

En polypropylène non tissé, le voile dit de forçage, de protection ou de croissance est perméable à l'eau et à l'air. Il se pose directement sur les semis ou les plants. Vos cultures hâtives seront ainsi protégées des caprices du climat et des insectes volants. Ça marche bien contre la mouche du poireau et de la carotte.

la cagette

Posée, retournée, sur un carré de légumes repiqués, la cagette en bois protège de la voracité des oiseaux mais aussi des brûlures du soleil.

le journal

Sur un semis tout frais, vous pouvez étaler un simple journal qui protègera du soleil tout en gardant le terreau bien frais. N'oubliez pas de le retirer juste après la levée des plantules.

prévenir et guérir

Certaines années sont plus propices que d'autres au développement des maladies et aux attaques de parasites. Voici quelques moyens d'organiser une lutte efficace.

les variétés résistantes

Les variétés anciennes ne sont pas plus résistantes que les modernes. Les variétés hybrides, et notamment les hybrides F1, sont sélectionnées pour une meilleure résistance aux aléas climatiques (sécheresse, chaleur, gel…) mais aussi à un certain nombre de maladies classiques et de virus.

les insecticides

La variété des légumes et leur rotation rapide dans les carrés du potager limite les attaques d'insectes. Tout comme la culture de fleurs insectifuges mélangées avec les légumes. Pensez au purin d'ortie et autres préparations bio qui s'imposent désormais.

les fongicides

La fonte des semis, les pourritures, le mildiou, l'oïdium et la rouille comptent parmi les maladies cryptogamiques les plus courantes. Il existe des solutions bio pour régler ces petits accidents de culture.

les anti-limaces

Capturez les limaces et escargots avec des pièges à bière, arrêtez-les avec une barrière de cendres de bois ou, mieux encore, détruisez-les à l'aide d'un nématode parasitaire vendu en sachets à diluer dans l'eau d'arrosage.

les insectes auxiliaires

Favorisez la présence des insectes auxiliaires comme la coccinelle, le perce-oreille, l'abeille solitaire ou la chrysope en installant des abris à insectes.

les purins et décoctions

Le purin d'ortie s'utilise en pulvérisation contre les pucerons ou en arrosage stimulant avec une dilution de 10 %. Les décoctions de prêle s'emploient en pulvérisation contre le mildiou, la rouille et l'oïdium. En jardinage biologique, on prépare aussi des décoctions contre la piéride du chou, ainsi que du purin de consoude pour fertiliser les tomates.

bien entretenir

Le simple désherbage participe activement à la bonne croissance des légumes. Le binage et le paillage viennent en complément en réduisant l'évaporation et en limitant du même coup la fréquence des arrosages.

le désherbage manuel

Dans un potager en carré, la chasse aux herbes indésirables est sans commune mesure avec celle dans un potager classique. D'autant plus que vous cultivez un carré rempli de terreau neuf a priori exempt de graines et de racines de mauvaises herbes. Celles qui s'inviteront dans votre potager proviendront des graines de plantes sauvages dispersées par le vent. Comme le terreau est souple, rien n'est plus facile que de retirer à la main quelques brins d'herbes. Prenez l'habitude, comme pour les fanes de vos légumes, de les recycler dans votre silo à compost.

le binage

C'est indispensable pour briser la croûte de terre qui se forme en surface par temps sec ou suite à de fortes ondées qui compactent le sol. Utilisez une simple griffe à trois dents et à petit manche pour travailler librement entre les légumes. S'il vous arrive de déchausser un plant, redressez-le en tassant la terre au pied puis arrosez avec le goulot d'un petit arrosoir. N'oubliez pas qu'un binage vaut deux arrosages.

le paillage

Les tontes de gazon sèches, la paillette de lin et le compost constituent d'excellents paillages. Ils protègent le sol des rayons du soleil, réduisent l'évaporation, maintiennent le sol frais et découragent l'installation des mauvaises herbes. La terre ainsi couverte ne sera plus damée par les pluies battantes et retiendra mieux la rosée. Pour qu'il soit efficace, ne mettez en place votre paillage qu'à la fin du printemps sur une terre réchauffée et encore humide. Le paillage permet aussi d'isoler de la terre les légumes-fruits ou les fraises. Il active les microorganismes du sol qui, en décomposant la matière végétale, l'enrichissent en humus. Attention : l'ail, l'échalote et l'oignon détestent le paillage.

arroser

En apportant la quantité d'eau nécessaire au bon moment et au bon endroit, vous aiderez les graines à germer, les plants à croître puis à produire racines, feuilles et fruits.

au brumisateur

Les semis en terrine ou en mini-serre s'arrosent avec un brumisateur d'eau à température ambiante. Les fines gouttelettes d'eau ne perturbent pas les jeunes plantules à l'enracinement fragile.

à l'arrosoir

Si vous ne disposez ni d'un puits ni d'un point d'eau naturel, optez pour la récupération de l'eau de gouttière dans une citerne. Le terreau du potager en carré retient bien l'eau d'arrosage. Mais il faudra tout de même arroser, 2 à 3 fois par semaine selon la météo. Orientez la pomme vers le haut pour arroser en pluie fine. L'arrosage au goulot est recommandé pour des apports ponctuels et copieux sans mouiller le feuillage. Arrosez de préférence le soir pour limiter les pertes par évaporation au cours des journées chaudes. Si les nuits sont plus fraîches, mieux vaut cependant opérer tôt le matin.

avec un tuyau suintant

En serpentant sur le sol entre les légumes, ce tuyau microporeux arrose progressivement et en douceur. Ce système permet de réaliser de sérieuses économies ; il se raccorde au réseau ou à une réserve d'eau surélevée.

avec un goutte à goutte

Les potagers en carrés peuvent bénéficier d'un arrosage ponctuel avec un goutte à goutte géré par un programmateur.

les légumes exigeants

Leur croissance rapide et leur feuillage important rendent la courge, le melon, la laitue, la tomate, le chou, la betterave et la carotte plus exigeants en eau que d'autres légumes.

les légumes sans soif

L'ail, l'oignon, l'échalote et le topinambour se passent pratiquement d'arrosage, se contentant d'éventuelles précipitations : une aubaine pour les jardiniers du week-end.

récolter et conserver

Récoltez vos légumes à parfaite maturité, car la plupart d'entre eux se consomment sitôt cueillis afin de préserver les vitamines et les sels minéraux.

mettre en jauge

Les choux, les chicorées et les poireaux se gardent bien dans une tranchée remplie de sable, le long d'un mur. On conseille de les incliner vers le nord.

à la cave

À température constante et dans l'obscurité, les légumes-racines se conservent dans des caissettes remplies de sable bien sec. Ne rentrez que les légumes sains qui ont ressuyé sur place et dont vous aurez coupé le feuillage.

au grenier

Après un séchage en plein air, l'ail, l'oignon et l'échalote se conservent bien dans des cagettes ou suspendus au grenier après tressage.

conserver au réfrigérateur

Vos légumes garderont quelques jours leur fraîcheur dans le bas du réfrigérateur mais leur teneur en vitamines chutera rapidement.

congeler

Tous les légumes peuvent se congeler cuisinés ou tels quels après épluchage, lavage et égouttage. Certains légumes nécessitent un blanchiment avant la congélation.

stériliser

Cela consiste à monter la température à plus de 112 °C à l'intérieur de bocaux où sont entassés les légumes préparés. La stérilisation se fait dans un autocuiseur à haute pression ou dans une lessiveuse.

les conserves au vinaigre

Les cornichons, les petits oignons blancs, les pointes d'asperge, les choux-fleurs... coupés en dés seront placés dans des bocaux puis recouverts de vinaigre blanc bouilli, parfumé aux herbes, au poivre et aux clous de girofle.

les conserves à l'huile

Les bocaux de tomates séchées, de poivrons et d'ail doux aux saveurs méditerranéennes pourront être parfumés avec des aromates.

cultiver avec soin

La nature est généreuse, mais vos plantations ne donneront le meilleur d'elles-mêmes que si vous les entourez des plus grands soins. Les arrosages et les désherbages sont incontournables. Toutefois, voici quelques tours de main indispensables pour aider vos semis et vos plants à grandir correctement.

biner

Le binage a pour fonction d'ameublir la terre en surface et de l'aérer sans la retourner. Il se pratique à l'aide d'une simple griffe entre les légumes, en évitant de les déchausser. Les plantules de mauvaises herbes sont très perturbées par cette pratique.

butter

Le buttage consiste à ramener de la terre autour d'une plante pour renforcer son enracinement et la protéger. Ainsi, on butte les plants de pommes de terre mais aussi les variétés de haricots, de petits pois et les fèves. Un buttage progressif des poireaux permet d'allonger la partie blanche.

pincer et tailler

Pour favoriser la ramification ou la contrôler, limiter l'importance du feuillage et le nombre des jeunes pousses, stimuler la floraison, réduire le nombre des fruits et hâter leur mûrissement, il faudra pincer, étêter et même tailler en cours de culture. Les légumes-fruits, comme les tomates, les melons, les aubergines, les concombres et les cornichons, mais aussi les potirons sont concernés. Pratiquez l'opération à la main, en pinçant entre le pouce et l'index, ou à l'aide d'un sécateur à fine lame.

tuteurer

Les plantes trop souples et trop faibles pour supporter le poids de leurs fruits, comme la tomate, doivent être tuteurées. Au moment de la plantation, fichez en terre des tuteurs métalliques à spirales du commerce.

ramer

Les haricots grimpants et les pois rames exigent un solide support composé de branches de noisetier fichées en terre, de grillage à moutons ou de filets en plastique à mailles carrées, tendus entre des piquets.

blanchir

Privé de lumière, le feuillage ne synthétise plus la chlorophylle. Ce traitement rend le pissenlit et la chicorée scarole plus tendres. Coiffez vos cultures d'une cloche à blanchir ou plus simplement d'un pot de terre renversé. Vous pouvez aussi lier le feuillage de la chicorée scarole avec une ficelle dix jours avant de la consommer.

nourrir

En investissant dès le départ dans un bon terreau « spécial potager » vos légumes auront toute la nourriture nécessaire. Mais à chaque renouvellement de carré, il faudra ajouter une pelletée de compost. Sauf pour les légumes comme l'échalote qui détestent les fumures fraîches. En cours de culture, misez sur les engrais bio et les arrosages au purin de plantes qui stimulent les gourmands comme la tomate ou la courgette.

15 idées de carrés

potager des fleurs comestibles

Dans les salades, les desserts ou les jus, ces fleurs sont belles et bonnes à croquer. On peut leur consacrer tout un carré, ou tout simplement les disperser parmi les légumes avec lesquels elles font bon ménage.

La violette
Nature ou confits dans le sucre, les pétales de cette plante vivace sont toujours parfumés. Comptez 10 plants/case.

Le souci
Il fleurit de juin aux gelées. Les pétales décorent les salades et la plante repousse les parasites. Comptez 6 plants/case.

Le coquelicot
Ses pétales rouges s'utilisent en salade ou cristallisés dans le sucre pour parfumer les laitages. Les graines fines aromatisent le pain et les pâtisseries. Semez à la volée dans 4 cases.

La ciboulette
Ses tiges tendres fleurissent en pompons roses. Elles ont un goût légèrement aillé. Comptez 5 à 6 plants/case.

La tagète
Les fleurs s'ajoutent aux salades et à la vinaigrette. Cousine de l'œillet d'Inde, elle a un pouvoir répulsif contre les nématodes. Comptez 12 plants/case.

La bourrache
Ses fleurs étoilées d'un bleu profond sont décoratives et attirent les abeilles. À consommer au naturel dans les salades et en déco avec les jus de fruits. Pour cette plante de 50 cm de haut, comptez 2 plants/case.

L'hémérocalle de bordure
Ses boutons encore verts ont un goût proche de l'asperge. Il faut les récolter très jeunes. Comptez 2 plants/case.

La capucine naine
Ses fleurs lumineuses ont un goût poivré. La plante attire les pucerons pour le bonheur des légumes. Comptez 9 plants/case.

potager pour tisanes et infusions

Réservez un carré entier du potager pour avoir à portée de main une sélection de bonnes herbes. Les feuilles et les fleurs, fraîches ou sèches, vous apporteront la santé et le bien-être.

La mélisse officinale L'infusion de feuilles fraîches acidulées, cueillies entre juin et septembre, facilite la digestion. Comptez 1 plant/case.	**La chicorée** Une décoction de feuilles sèches, de cette bisannuelle est diurétique. Semez et gardez 3 plants/case	**La sauge officinale** Les feuilles fraîches de cette plante vivace font une tisane digestive et une décoction pour bains de bouche. Comptez 1 à 2 plants/case.
La lavande Ses fleurs récoltées en été puis séchées font une infusion digestive. Macérées dans l'alcool, on en fait un bon antiseptique en bain de bouche. Comptez 1 plant/case.	**Le romarin** Une fois séchées, ses tiges fleuries s'emploient en infusion contre le rhume. Comptez 1 plant/case.	**La verveine citronnelle** Récoltées en juillet ou en octobre et infusées dans l'eau bouillante, les feuilles citronnées soulagent les indigestions. Comptez 3 plants/case.
Le thym Ses feuilles et ses tiges fleuries, après infusion et filtration, aident à une bonne digestion et éloignent le rhume. Comptez 4 plants/case.	**L'aneth** Une infusion de graines sèches, au goût anisé, lutte contre les ballonnements, le hoquet et les crampes. Comptez 5 plants/case.	**L'origan** Ses feuilles tout comme ses tiges fleuries, une fois séchées et infusées, ouvrent l'appétit et soulagent l'estomac. Comptez 5 plants/case.

potager des légumes perpétuels

D'une nature bien vivace, les légumes dits perpétuels s'enracinent durablement. Une aubaine pour tous ceux qui n'ont pas assez de temps pour bichonner les légumes classiques.

Le chou de Daubenton
On récolte, pour la soupe et les potées, les jeunes rameaux de ce chou à mille têtes. Ils ont un goût intermédiaire entre le chou et le brocolis. Les boutures se font dès le printemps. Comptez 1 plant/4 cases.

L'arroche Bon-Henri
Cette plante sauvage remplace volontiers l'épinard dont elle a la saveur. Les jeunes feuilles se récoltent du printemps aux gelées. Comptez 4 plants/case.

Le poireau perpétuel
Ce très vieux légume produit sans compter et résiste au gel comme à la sécheresse. Plus on lui retire ses petits plus il est prolifique. Comptez 3 plants/case.

L'ail rocambole
Tout comme l'ail, il accuse un goût puissant. Mais il en diffère par ses tiges, sans fleurs, qui portent des bulbilles. On les consomme mais on peut aussi les repiquer en terre. Comptez 8 plants/case.

L'oseille épinard
Les feuilles de cette plante imposante se récoltent au printemps puis à l'automne. Leur saveur est proche de l'épinard et moins acide que l'oseille. Coupez la hampe si la plante cherche à fleurir. Comptez 1 plant/case.

Le raifort sauvage
Sa racine à saveur forte et piquante s'emploie une fois râpée. La plante apprécie une terre profonde mais ne se récolte qu'au bout de 2 ans. Comptez 1 plant/2 cases.

potager des plantes aromatiques

Voici le carré du bonheur avec sa riche palette de saveurs et d'odeurs qui donne tout son caractère à la cuisine. Ces plantes, faciles à vivre, se contentent de peu.

<table>
<tr>
<td>La coriandre
Ses graines épicées servent de condiment. Comptez 8 plants/case.</td>
<td>Le basilic
Il apporte le soleil dans la cuisine. Ne laissez pas cette plante annuelle fleurir. Comptez 6 plants/case.</td>
<td>La ciboulette
Ses feuilles creuses ont un arôme délicat entre l'oignon et le poireau. Comptez 5 plants/case.</td>
<td>Le persil
Achetez de jeunes plants plutôt que de tenter un semis capricieux. Comptez 9 plants/case.</td>
</tr>
<tr>
<td>L'origan
Les feuilles au goût poivré se récoltent de mai à novembre. Comptez 4 plants/case.</td>
<td colspan="2" rowspan="2">Le fenouil
Pour un effet déco, optez pour la forme bronze. Coupez à ras à l'automne. Comptez 1 plant/ 4 cases.</td>
<td>L'estragon
Plantez-le dans un lieu exposé à la chaleur pour profiter de son goût anisé. Comptez 3 plants/case.</td>
</tr>
<tr>
<td>L'hysope
N'attendez pas qu'elle fleurisse pour cueillir ses feuilles un peu amères. Comptez 1 plant/case.</td>
<td>La ciboulette
Ses feuilles creuses ont un arôme délicat entre l'oignon et le poireau. Comptez 5 plants/case.</td>
</tr>
<tr>
<td>La sarriette
Récoltez ses tiges épicées au printemps pour les faire sécher. Comptez 4 plants/case.</td>
<td>Le thym
Classique, citronné ou à feuillage décoratif, plantez-le en mars-avril. Comptez 4 plants/case.</td>
<td>La sauge
Préférez celle à feuilles de lavande qui convient à tous les plats et tisanes. Comptez 1 plant/case.</td>
<td>Le romarin
Les feuilles aromatiques s'utilisent fraîches ou sèches. Comptez 1 plant/case.</td>
</tr>
</table>

potager des saveurs asiatiques

Les saveurs exotiques s'invitent sur nos tables et les légumes asiatiques s'enracinent tout naturellement dans les carrés de nos potagers.

La mâche chinoise
Les feuilles de ce chrysanthème à couronne ont un goût fort apprécié en salade ou cuit avec le porc. Comptez 10 plants/case.

Le persil japonais
Les feuilles crispées et parfumées du shiso aromatisent l'umbeboshi ou prunes salées et le sashimi de thon. Comptez 25 plants/case.

La coriandre
Ses feuilles fraîches parfument les plats exotiques comme le riz cantonais. Comptez 8 plants/case.

Le chou de Chine
Pé-tsaï et pak-choï cuits à la vapeur ou braisés arrivent à point en fin de saison. Comptez 4 plants/case.

La citronnelle
Les tiges de cette herbe gélive vendues sur le marché s'enracinent facilement en terre. Comptez 3 plants/case.

La citronnelle
Comptez 3 plants/case.

La moutarde de Chine
La saveur piquante de ses feuilles de chou rappelle le genièvre. Consommez-les crues en salade ou cuites comme l'épinard. Comptez 5 plants/case.

La coriandre
Comptez 8 plants/case.

Le basilic thaï
Ses feuilles vert foncé au goût très anisé convient au wok de légumes et de volailles. Comptez 8 plants/case.

La ciboule de Chine
Ses feuilles tendres au léger goût aillé aromatisent les salades et les viandes. Comptez 8 plants/case.

potager des enfants

Cet espace ludique et pédagogique accueille des plantes variées, colorées et faciles à cultiver. Pour un accès aisé, limitez le carré des bambins à 90 cm de côté.

La tagète Ses petits cousins de fleurs lumineuses repoussent les parasites du sol comme les nématodes. Comptez 10 plants/case.	**Le fraisier** Allongez la période de récolte en plantant aussi une variété remontante. Paillez avec des aiguilles de pin pour rehausser le goût. Comptez 5 plants/case.	**Le radis** Les graines rondes se sèment bien quand on a des petits doigts. Mais il faudra arroser pour ne plus avoir à croquer un radis trop poivré. Comptez 16 plants/case.
La carotte C'est plus facile de semer les graines en ruban pour obtenir un écart parfait entre les plants. Comptez 9 plants/case.	**Le haricot** Construisez sur le côté nord du carré un tipi en branchages pour servir d'appui aux variétés dites à rames. Comptez 5 plants/case.	**La salade** Le plus rigolo est de semer du mesclun pour découvrir les couleurs et les goûts surprenants des pousses tendres. Comptez 25 plants/case.
Le tournesol Nain ou géant, le soleil fera toujours sensation. Les oiseaux raffolent des graines en hiver. Comptez 1 à 4 plants/case.	**La tomate-cerise** Ses fruits gorgés de soleil se grappillent à toute heure. Avec une variété naine c'est encore plus sympa. Comptez 2 plants/case.	**La capucine** Elle est belle, ses feuilles retiennent les gouttes d'eau et ses fleurs se mangent crues. C'est aussi un véritable refuge à pucerons. Comptez 5 plants/case.

potager des légumes curieux

Affirmez votre différence en osant cultiver des légumes pas comme les autres. Votre carré prendra vite des allures de cabinet de curiosités et vous initierez votre palais à de nouvelles saveurs.

La plante à huître

Les feuilles bleutées de la mertensie maritime ont le goût iodé de l'huître. Comptez 4 plants/case.

L'épinard-fraise

Cette plante asiatique a des feuilles d'épinard au léger goût de noisette. Ses fruits de fin d'été, rouges et juteux au goût de betterave, ne sont bons qu'en gelée. Comptez 3 plants/case

La menthe chocolat

Ses feuilles ont le goût du chocolat fourré à la menthe des Anglais. Limitez sa vigueur en la cultivant dans un tube enterré. Comptez 1 plant/case.

L'oca du Pérou

Ce joli trèfle tubéreux amateur de chaleur donne 8 mois après la plantation. On récolte 20 tubercules, à la saveur de patate douce, par pied. Comptez 3 plants/case.

La tomate 'ananas'

Cette grosse tomate a une chair savoureuse, jaune orangé avec des rayures, qui rappelle celle de l'ananas. Comptez 1 plant/case.

La tomate 'poire jaune'

Cette variété produit en quantité des petits fruits allongés dont la forme ressemble à une poire. À savourer à l'apéro. Comptez 2 plants/case.

La plante à œufs

Cette aubergine produit des fruits de la forme et de la couleur des œufs. Il lui faut beaucoup de chaleur et de soleil pour produire. Comptez 1 plant/case.

La plante à sucre

Les feuilles de la stévia remplacent le sucre sans les calories. La plante gélive perd ses feuilles à l'automne. Comptez 5 plants/case.

La ficoïde glaciale

Ses feuilles à l'apparence givrée et au goût acidulé agrémentent les salades. Cette petite plante frileuse exige cependant beaucoup de chaleur. Comptez 3 plants/case.

Le cresson de Para

Cette plante malgache étale ses tiges au sol. Ses pompons aromatisent les plats de viande mais anesthésient toute la bouche. Comptez 6 plants/case.

potager décoratif

Un carré du potager peut être beau à croquer. Pour preuve, cet exemple facile à reproduire et qui vous offrira un décor moderne et dynamique.

La sauge pourpre
Cette plante vivace et officinale se distingue par son feuillage pourpre surmonté en juin de fleurs violacées. Comptez 1 plant/case.

L'amarante
Cette fleur annuelle à feuillage vert ou rouge, pousse vite dès la mi-mai. On consomme le feuillage comme les épinards. Comptez 3 plants/case.

L'arroche pourpre
Cette plante annuelle séduit par son port érigé et son feuillage rouge foncé où l'eau perle. Récoltez les feuilles tendres toujours avant la floraison pour les cuire comme l'épinard. Comptez 4 plants/case.

L'amarante
Comptez 3 plants/case.

Le chou palmier
On consomme les pousses tendre mais aussi les feuilles après un premier gel. Comptez 1 plant/case.

La poirée
Comptez 1 plant/case.

La poirée
Bien connue sous le nom de bette, cette bisannuelle aux feuilles cloquées séduit par les couleurs rouge, jaune ou rosé de ses cardes. À récolter de juillet au gelées pour cuire en gratins. Comptez 1 plant/case.

L'arroche pourpre
Comptez 4 plants/case.

Le chou palmier
Comptez 1 plant/case.

La sauge pourpre
Comptez 1 plant/case.

La sauge pourpre
Comptez 1 plant/case.

L'amarante
Comptez 3 plants/case.

potager pour barbecue

Cueillir sur place les légumes du soleil et les aromates, ça change tout pour bien démarrer une soirée barbecue. Dans un même carré, on peut concentrer les ingrédients de base.

Le persil
Plat ou frisé, il accompagne les grillades de viande et de poisson. Comptez 9 plants/case.

La ciboulette
Plus on la coupe, plus elle repousse. Elle relève les sauces et décore les assiettes. Comptez 5 plants/case.

La tomate
Misez sur la productivité des tomates-cerises, cocktail ou poire pour l'apéro. Comptez 1 plant/case.

L'estragon
Indispensable pour la sauce qui accompagne le poisson grillé. Comptez 3 plants/case.

Le cerfeuil
Semez entre mars et septembre. Son goût fin et anisé convient aux poissons. Comptez 9 plants/case

L'aubergine
Investissez dans un plant greffé plus résistant aux maladies. Comptez 1 plant/case.

Le fenouil
Chez lui tout s'utilise : les feuilles, les tiges et les graines pour parfumer poissons et viandes. Comptez 1 plant/case

Le laurier-sauce
Il faut le tailler régulièrement pour l'empêcher de grandir. On peut récolter ses feuilles toute l'année. Comptez 1 jeune plant/case

Le poivron
Attendez la mi-mai pour le planter. Les fruits verts ont besoin de chaleur et de soleil pour se colorer. Comptez 1 plant/case.

Le romarin
Optez pour une forme rampante qui retombera sur le cadre-bois du carré. Taillez au début du printemps. Comptez 1 plant/2 cases.

Le thym
Recouvrez de terre la base des tiges pour faciliter la reprise. Taillez-le pour qu'il reste compact. Comptez 4 plants/case.

potager des jeunes pousses

Riches en vitamines et minéraux, les pousses tendres font le bonheur des amateurs de salades. Elles poussent vite et multiplient les saveurs.

Le cresson de terre
Cette petite salade d'hiver à la saveur piquante se sème à partir de mars. Il aime un sol frais de préférence mi-ombragé. Récoltez les jeunes feuilles et laissez grainer pour qu'il se ressème naturellement. Comptez 25 plants/case.

L'épinard
Semez au printemps ou en fin d'été. Les plantules en surnombre et les jeunes feuilles sont délicieuses en salade ou fondues dans le beurre. La chaleur fait monter les plants en graines. Comptez 16 plants/case.

Le mesclun
Sous ce générique, on trouve toutes sortes de mélanges de graines à base de laitue romaine, batavia, à feuille de chêne mais aussi de roquette ou de mâche. On sème d'avril à septembre pour ne récolter que les jeunes feuilles. Comptez 25 plants/case.

La mâche
Cette petite salade d'hiver se glisse partout dans les cases du potager où elle profite de l'ombre des grands légumes. Semez d'août à octobre et récoltez les rosettes de feuilles 3 semaines après le semis. Comptez 25 plants/case.

Le pourpier
Croquantes et acidulées, ses feuilles tendres s'accommodent en salade ou en potage. Attendez la chaleur de mai-juin pour semer. Comptez 5 plants/case.

potager pyramidal

Prenez de la hauteur en créant un potager à 4 étages. Il faut plus de planches et bien plus de terreau mais l'effet décoratif est garanti. N'hésitez pas à glisser des fleurs entre les légumes.

L'oseille
Perchée en haut de la pyramide, elle sera moins accessible aux escargots. Mais il faudra arroser en été. Comptez 1 plant/case.

La pomme de terre
Vous pouvez vous amuser à cultiver ce légume-racine malgré le faible rendement. C'est juste pour le plaisir de savourer une poignée de grenaille d'une variété primeur. Comptez 1 tubercule germé/case.

Le radis
Semez quand vous le souhaitez à partir de mars. Il faut au minimum 3 semaines de culture pour commencer à récolter. Derrière on peut repiquer des laitues. Comptez 16 plants/case.

Le poireau
Sautez l'étape du semis en repiquant au printemps des plants vendus en bottes. Ils ont le diamètre d'un crayon. Ou même les plants plus fins vendus en pot qui reprennent tout aussi bien. Après récolte, semez de la mâche. Comptez 9 plants/case.

L'oignon blanc
C'est le légume à planter en octobre, après une culture de haricots verts. Comptez 9 bulbilles/case.

Le chou brocoli
Semez entre avril et juillet. Suivez de près l'arrosage pour wune croissance régulière. Après la récolte, plantez de l'ail. Comptez 1 plant/case.

potager des légumes anciens

Remis au goût du jour par les chefs étoilés, les légumes anciens offrent une palette de saveurs uniques. Dédiez-leur un carré entier du potager pour les déguster à moindre frais.

Le topinambour
On aime son goût d'artichaut mais cette vivace prend beaucoup de place avec ses grandes tiges à fleurs jaunes. Récoltez tout en hiver car le moindre fragment de rhizome redonne un plant au printemps. Comptez 1 tubercule/case.

Le crosne du Japon
Plantez en toute fin d'hiver et récoltez par temps sec à partir d'octobre. Un plant donne jusqu'à 10 tubercules au goût fin d'artichaut et de noisette. Comptez 1 rhizome/case.

Le panais
Semez en juin en ajoutant du compost et récoltez 4 mois après, selon vos besoins. Ce légume rustique au goût fort se consomme râpé, en purée ou en potage. Comptez 6 plants/case.

Le persil tubéreux
Ses feuilles remplacent le persil et sa racine se prépare en potée ou en gratin. Semez au printemps et récoltez 6 mois après. Comptez 4 plants/case.

La tétragone cornue
Ses feuilles charnues ont le goût de l'épinard et la plante au port étalé ne craint pas la chaleur. Semez de mars à mai et récoltez 3 mois après. Comptez 1 plant/case.

potager au printemps

La terre qui se réchauffe de jour en jour peut accueillir les semis et les plants à repiquer. Ne remplissez pas les carrés d'un seul coup, quitte à laisser des cases vides pour improviser une culture.

L'oignon rouge Légume-bulbe de la famille des Alliacées. Plantez les petits bulbes en février-mars. Comptez 9 bulbilles/case.	**La fève** Légume-graine de la famille des Fabacées. Semez tôt dès février et plombez avec une planchette. Comptez 5 plants/case.	**Le cresson** Légume-feuille de la famille des Brassicacées. Un semis clair évite d'éclaircir ensuite. Comptez 25 plants/case.
La roquette Légume-feuille de la famille des Brassicacées Semée à partir de mars, elle lève rapidement. Comptez 25 plants/case.	**Le radis** Légume-racine de la famille des Brassicacées. Semez quand vous le souhaitez à partir de mars. Comptez 16 plants/case.	**La laitue** Légume-feuille de la famille des Astéracées. Repiquez des plants vendus en barquette. Comptez 5 plants/case.
Le persil Plante aromatique de la famille des Apiacées. Repiquez des plants vendus en mini-mottes. Comptez 9 plants/case.	**L'épinard** Légume-feuille de la famille des Chénopodiacées. Semez à la volée entre février et avril. Comptez 5 plants/case.	**La carotte primeur** Légume-racine de la famille des Apiacées. Placez un voile de forçage sur le semis. Comptez 9 plants/case.

potager en été

Dans les cases, les légumes d'été succèdent à ceux de printemps. Veillez à ne pas faire se succéder dans la même case des légumes d'une même famille ou dont on récolte des parties semblables.

La poirée Légume-feuille de la famille des Chénopodiacées. Repiquez les jeunes plants dans un coin du potager car le feuillage est volumineux. Comptez 1 plant/case.	**La tomate** Légume-fruit de la famille des Solancées. N'oubliez pas de pailler le pied pour garder la fraîcheur. Comptez 1 plant/case.	**Le poireau** Légume-feuille de la famille des Alliacées. Repiquez serré car vous récolterez les poireaux jeunes. Comptez 9 plants/case.
La betterave Légume-racine de la famille des Chénopodiacées. Vous avez jusqu'en juillet pour semer ce légume à grandes feuilles. Comptez 5 plants/case.	**Le mesclun** Légume-feuille de la famille des Astéracées. Si le semis est trop dense, retirez les jeunes plants en surnombre pour les consommer. Comptez 25 plants/case.	**La courgette** Légume-racine de la famille des Cucurbitacées. Pour gagner de la place laissez-la courir sur un treillage. Comptez 1 plant/case.
Le basilic Plante aromatique de la famille des Lamiacées. Variez les plaisirs en cultivant des variétés aux saveurs différentes. Comptez 6 plants/case.	**Le haricot vert** Légume-graine de la famille des Fabacées. Prévoyez des rames de noisetiers pour qu'il s'agrippe. Comptez 5 plants/case.	**La laitue** Légume-feuille de la famille des Astéracées. Dès qu'elles commencent à se toucher, récoltez les plus grosses. Comptez 5 plants/case.

potager à l'automne

La baisse des température et les pluies redonnent un nouveau souffle au potager. Les récoltes se prolongent et de nouveaux légumes assurent la relève.

La poirée Légume-feuille de la famille des Chénopodiacées. Poursuivez les récoltes de feuilles tendres. Comptez 1 plant/case.	**La tomate** Légume-racine de la famille des Solanacées. Elle produit jusqu'en octobre si le mildiou ne vient pas jouer les troubles fêtes. Comptez 1 plant/case.	**Le poireau** Légume-feuille de la famille des Alliacées. N'hésitez pas à réduire le feuillage qui commence à déborder sur les cases voisines. Comptez 9 plants/case.
La mâche Légume-feuille de la famille des Valérianacées. Étalez les semis entre juillet et septembre. Comptez 25 plants/case.	**Le mesclun** Légume-feuille de la famille des Astéracées. Avec un arrosage suivi, on peut continuer à semer tout l'été. Comptez 25 plants/case.	**L'épinard** Légume-feuille de la famille des Chénopodiacées. Attendez la fin des fortes chaleurs pour semer. Comptez 5 plants/case.
Le navet Légume-racine de la famille des Brassicacées. En fin d'été le semis lève vite à condition d'arroser. Comptez 5 plants/case.	**Le chou** Légume-feuille de la famille des Brassicacées. Comme il gagnera en volume, repiquez-le dans une case en bordure de carré. Comptez 1 plant/case.	**La coriandre** Plante aromatique de la famille des Apiacées. Attendez septembre pour la semer en poignées de 4 graines. Comptez 8 plants/case

légumes du potager

ail

Allium sativum Alliacées

Bonnes associations La carotte, la betterave et la laitue

À surveiller La mouche de l'oignon, qui creuse des galeries dans les feuilles et les caïeux, ainsi que la rouille, visible sur les feuilles.

Bon à savoir Plantez de l'ail à proximité des carottes : il a la propriété d'éloigner la mouche de la carotte.

L'ail rose et l'ail violet, plus sensibles au froid que l'ail blanc, ne se plantent qu'au printemps dans les régions où l'hiver est rude.

Quand ? Plantez les caïeux* en octobre ou novembre dans les régions où l'hiver est très doux. Partout où des gelées sont à craindre, mieux vaut attendre l'arrivée du printemps (février-mars).

Où ? La terre ameublie doit être légère et bien drainée, surtout pour les plantations d'automne, et ne pas avoir reçu de fumure récemment. Évitez la proximité des pois et autres légumineuses car l'azote qu'ils dégagent perturbe la croissance de l'ail.

Comment ? Enfoncez les caïeux à la main, à 3 cm de profondeur. La pointe des caïeux doit être placée vers le haut. Si le sol est argileux, plantez-les sur de petits billons* en laissant dépasser la pointe. 9 caïeux par case (30 x 30 cm).

Récolte et conservation Les gousses, et même le feuillage, peuvent se consommer frais. Lorsque le feuillage des plants aura jauni (entre juin et août), arrachez les gousses puis laissez-les sécher deux à trois jours sur place. Suspendez les bottes, simplement liées ou tressées, dans un local sec, à l'abri de la lumière. L'ail blanc et l'ail rose se conservent respectivement 6 et 9 mois.

artichaut

Cynara scolymus Astéracées

Bonnes associations
Le chou, la salade et l'asperge

À surveiller Les pucerons, qui s'agglutinent sur les feuilles.

Bon à savoir En hiver, la touffe de l'artichaut résiste mieux au froid et à l'humidité si l'on a pris soin de ficeler le feuillage, de pailler et de butter le pied.

Cette plante de belle envergure, dont le feuillage gris est voisin de celui du cardon, produit dès le mois de juin une fleur d'un bleu intense très décorative.

Quand ? Semez à chaud en février ou, mieux encore, plantez les œilletons* au début du printemps (en septembre dans les régions au climat doux).

Où ? Dans une terre profonde, fraîche et riche en humus. Ce légume gourmand et au fort développement redoute la sécheresse.

Comment ? Au semis à chaud de février, toujours hasardeux, préférez le prélèvement d'œilletons sur un pied-mère. Retaillez les racines, supprimez les feuilles de la base et repiquez aussitôt par deux. Pour assurer une bonne reprise, tasser la terre autour des plants. Le paillage s'avère très efficace contre les coups de chaleur en été. 1 plant pour 4 cases (soit 60 x 60 cm au total).

Récolte et conservation La récolte d'artichauts produits à partir d'œilletons est correcte dès la deuxième année. De mai à septembre, lorsque les écailles commencent à s'écarter, coupez les têtes avec une partie de la tige. On peut conserver l'artichaut quelques jours avant de le cuisiner en plongeant sa tige dans l'eau. Les fonds d'artichaut se prêtent fort bien à une mise en conserve.

aubergine

Solanum melongena Solanacées

Bonnes associations La laitue et le radis

À surveiller Le mildiou, l'araignée rouge et les doryphores.

Bon à savoir Les semences lèvent de façon plus régulière après avoir passé une semaine au réfrigérateur.

Pas besoin d'habiter le Midi pour cultiver cette plante plutôt frileuse, aux fruits ronds, en poire ou allongés. Les plants greffés vous feront gagner un temps précieux.

Quand ? Semez à partir de la fin février et durant tout le mois de mars. Si le climat est chaud, mettez les sujets repiqués* en place à la mi-mai. Ailleurs, attendez le début du mois de juin pour les installer ou mettre en place des plants achetés en godets.

Où ? Le semis s'effectue sur couche chaude*, la plantation dans une terre bien réchauffée et enrichie en compost. Au nord de la Loire, un petit tunnel ou une cloche protégera les pieds.

Comment ? Après deux repiquages, sortez les plants d'environ 10 cm de haut pour les endurcir. Plantez-les dans des trous individuels avec deux bonnes poignées de compost. Enterrez la base de la tige et maintenez la plante avec un tuteur. Paillez pour garder le sol frais et propre. Pincez la tige principale puis les rameaux latéraux. 1 plant par case (30 x 30 cm).

Récolte et conservation Coupez le pédoncule de l'aubergine lorsque sa peau est encore ferme et bien colorée. Les aubergines dont la peau est déjà ridée et décolorée permettront de récupérer des graines. Selon les régions, la récolte s'étale de juin à fin septembre. L'aubergine se conserve en bocaux, à l'huile, et peut être consommée en condiment, comme le cornichon.

betterave potagère

Beta vulgaris rubra Chénopodiacées

Bonnes associations
Le chou, le céleri et l'ail

À surveiller Le mildiou, la rouille et la mouche de la betterave, qui troue les feuilles.

Bon à savoir Pour récolter des betteraves tendres, effectuez un premier semis début mars.

Plate, longue ou ronde, la betterave se cultive facilement en trois ou quatre mois.

Quand ? Semez de mi-mars à fin mai, en place si le climat est doux, sous abri si les gelées persistent (vous repiquerez* alors en mai-juin).

Où ? La betterave préfère les climats doux mais elle se plaît partout, à condition que la terre soit bien ameublie et fertilisée. Elle devient ligneuse si le terrain est trop sec.

Comment ? Vous pouvez semer en place à 3 cm de profondeur. La levée est toujours rapide. Il vous faudra alors éclaircir* les plants un mois plus tard pour conserver un bon écartement. En cas de sécheresse, binages et arrosages sont indispensables. 5 plants par case (30 x 30 cm).

Récolte et conservation Les variétés hâtives se récoltent à partir de juillet et jusqu'aux gelées ; les variétés de conservation se récoltent en octobre-novembre. Arrachez-les à la fourche-bêche, coupez les racines et le collet*, laissez ressuyer* sur place pendant 2 jours. Conservez les betteraves à l'abri, dans du sable, dans une cave ou un cellier.

cardon

Cynara cardunculus Astéracées

Bonnes associations Le radis et la mâche

À surveiller Le puceron et la pourriture pendant le blanchiment.

Bon à savoir Pour occuper le terrain, repiquez des laitues entre les jeunes cardons, dont la croissance est lente.

Généralement cultivé pour ses longues côtes au goût de céleri et d'artichaut, l'imposant cardon est aussi décoratif massifs avec son feuillage bleuté et ses fleurs épineuses sont très décoratifs.

Quand ? Semez directement en place en mai. Blanchissez* à partir de septembre.

Où ? Le cardon apprécie les terres à la fois profondes et riches, toujours fraîches et baignées de soleil.

Comment ? Semez par poquets de 3 graines puis ne gardez que le plus beau plant quand il a 3 ou 4 feuilles. Arrosez copieusement. Dès juillet, aménagez une cuvette d'arrosage et paillez le sol. Au fur et à mesure de vos besoins, provoquez le blanchiment des côtes en ficelant le feuillage puis en entourant le cardon d'un carton ondulé ou d'un paillasson. 1 plant pour 4 cases (60 x 60 cm au total).

Récolte et conservation Les côtes peuvent être consommées moins d'un mois après le blanchiment. La conservation en cave est possible jusqu'en mars, à condition d'arracher les plants, avant les gelées, avec une motte de terre. Vous pouvez aussi stériliser le cardon en bocaux.

carotte

Daucus carota Apiacées

Bonnes associations L'oignon, l'ail, le pois, la laitue, l'aneth, l'œillet d'Inde et le poireau

À surveiller La mouche de la carotte, les pucerons et les vers blancs.

Bon à savoir Pour éloigner la mouche de la carotte, semez de la coriandre en même temps que vos carottes.

Primeur ou de saison, la carotte est d'une culture facile : il lui suffit que la terre soit légère et bien travaillée.

Quand ? Semez en février-mars les carottes hâtives, courtes, sous tunnel ou voile de forçage. Semez les variétés de printemps et d'été de février à avril. Les carottes d'automne et d'hiver se sèment en juin et juillet.

Où ? La carotte apprécie les terres légères, humifères, fraîches et bien travaillées. Elle s'adapte à toutes les régions mais préfère les climats tempérés.

Comment ? Semez les graines par trois en les recouvrant d'un peu de sable ou de terreau. Plombez* avec le dos d'un râteau ou une planche. Arrosez en pluie fine pour faciliter la levée, qui peut dépasser trois semaines. Arrosez en cas de sécheresse, binez et buttez légèrement pour empêcher les collets* de verdir. 5 à 9 plants par case (30 x 30 cm).

Récolte et conservation On récolte les premières carottes en avril-mai, soit 2 à 3 mois après le semis. Les variétés longues de pleine terre et les variétés de conservation se récoltent 4 à 5 mois après le semis. En novembre, arrachez vos dernières carottes et laissez-les ressuyer* sur place. Coupez les fanes et conservez les carottes dans du sable. Vous pouvez aussi les congeler après les avoir blanchies.

céleri-branche

Apium graveolens dulce Apiacées

Bonnes associations
Le pois, l'oignon et la tomate

À surveiller La mouche du céleri, qui dévore les feuilles, les pucerons et la pourriture du pied.

Bon à savoir Les variations brutales de température en début de culture, de même que les manques d'eau temporaires, peuvent entraîner une montée à graines* anticipée.

Ce céleri à côtes blanches, vertes, dorées ou rouges, est apprécié pour son goût prononcé, qui rappelle celui de l'ache des montagnes. Le céleri-branche est très sensible aux variations de température.

Quand ? Semez en mars-avril sur couche chaude* et mettez en place entre fin mai et fin juin.

Où ? Le céleri-branche apprécie les sols richement fumés, bien ameublis et toujours frais. Il a besoin d'un climat doux et humide.

Comment ? Semez en terrine ou en caissette sur chaleur de fond. Quand les plants ont 2 ou 3 feuilles, repiquez-les en godets individuels sous châssis. Dès qu'ils ont une quinzaine de centimètres de haut, plantez-les dans une case du centre. Vous pouvez aussi semer en mai ou plus simplement repiquer des plants du commerce. Arrosez régulièrement et paillez le sol. Pour les faire blanchir, liez le feuillage en l'entourant d'un manchon de carton ondulé.
5 plants par case (30 x 30 cm).

Récolte et conservation À partir de juillet, récoltez le céleri-branche au fur et à mesure des besoins. Les jeunes feuilles peuvent servir de condiment. Plus le pied est gros, plus le légume est tendre. Avant les gelées, arrachez-les tous pour les stocker en cave, dans du sable ou en jauge*, dans une tranchée couverte d'un châssis.

céleri-rave

Apium graveolens rapaceum Apiacées

Bonnes associations Le poireau, la betterave et le chou

À surveiller La rouille et la mouche du céleri, qui s'attaque aux feuilles.

Bon à savoir Au printemps, vous fournirez au céleri-rave la potasse dont il a besoin en enfouissant au pied, de la cendre de bois.

La saveur à la fois fraîche et piquante du céleri rémoulade n'est pas forcément du goût de tous. C'est dommage, car cette racine charnue est riche en oligo-éléments qui favorisent la digestion. Le céleri-rave est gourmand en fumure ; il lui faut aussi de copieux arrosages et surtout beaucoup de place.

Quand ? Semez en mars ou avril, sous abri. Repiquez* deux fois avant de planter en mai-juin.

Où ? La terre doit être lourde et riche, et garder la fraîcheur. Le céleri-rave se plaît en climat doux et humide ; il redoute les gelées printanières tout autant que la sécheresse en été.

Comment ? Tentez un semis sous châssis, puis repiquez à 8 cm lorsque les plants ont 3 ou 4 feuilles. Trois semaines plus tard, repiquez à nouveau après avoir épointé la racine principale. Arrosez abondamment, binez et supprimez les pousses latérales. Arrachez les feuilles à mesure qu'elles jaunissent. 1 plant par case (30 x 30 cm).

Récolte et conservation De mi-septembre à fin octobre, arrachez puis coupez feuilles et racines. Laissez ressuyer* sur place. Dans du sable, à la cave ou au cellier, le céleri-rave se conservera jusqu'à la fin février.

chicorée frisée et scarole

Cichorium endivia crispum et latifolium Astéracées

Bonne association
Le chou-fleur

À surveiller La rouille de la chicorée, la pourriture du collet*, les escargots et les limaces.

Bon à savoir Dix jours avant la récolte, liez le feuillage des scaroles et coiffez les frisées d'un pot de terre ou d'une feuille de rhubarbe : ainsi blanchies, elles seront plus tendres.

Tout en dentelle comme les frisées ou à grosse pomme serrée comme les scaroles, les chicorées nous offrent leur cœur tendre. Les nouvelles variétés, moins amères, blanchissent spontanément et ne montent plus à graines*.

Quand ? La chicorée peut être semée à partir d'avril sur couche chaude*. Repiquez les plants 10 jours après la levée. Mieux vaut attendre que les conditions météorologiques soient bonnes, en juin et juillet, pour commencer la culture en plein air.

Où ? La chicorée frisée apprécie les terres fraîches, de préférence humifères, et les climats doux. La scarole est moins sensible au froid que la frisée.

Comment ? Semez sur couche chaude* et repiquez lorsque les plantules ont 4 ou 5 feuilles. Pour une culture en plein air, semez clair en pépinière puis repiquez trois semaines plus tard. Vous trouverez aisément dans le commerce des plants prêts à être repiqués. 5 plants par case (30 x 30 cm).

Récolte et conservation Récoltez ces salades au fur et à mesure de vos besoins car elles se conservent mal — 3 jours tout au plus dans le bac à légumes du réfrigérateur. Les scaroles peuvent passer l'hiver sous un châssis ou un petit tunnel.

chou brocoli

Brassica oleracea italica Brassicacées

Bonnes associations
Le céleri et la carotte

À surveiller L'altise, la piéride et la mouche du chou.

Bon à savoir Durant tout le printemps, vous trouverez sur le marché des plants à repiquer, et en jardinerie des sujets en godets qui vous éviteront de procéder à des semis parfois capricieux.

Ce chou d'origine italienne, excellent pour la santé, connaît un regain d'intérêt certain. Comme dans le chou-fleur, ce sont les bouquets floraux que l'on consomme avant éclosion.

Quand ? Semez d'avril à juin et repiquez cinq semaines après le semis.

Où ? Le chou brocoli aime les terrains frais, bien ameublis, fumés à l'automne, et les climats doux et humides.

Comment ? Effectuez les semis en pépinière et repiquez les plants quand ils ont 5 ou 6 feuilles. Plantez-les dans les cases du bord, en bornant* les pieds. Éliminez les plants mal formés. Pour assurer la reprise, arrosez copieusement et paillez le sol. 1 plant par case (30 x 30 cm).

Récolte et conservation Entre le semis et la récolte, comptez au minimum 90 jours. Récoltez le matin, de juillet à novembre, des jets fermes, bien serrés et d'environ 15 cm de long. Cassez-les à la main en veillant à préserver les yeux de la base.

chou de Bruxelles

Brassica oleracea gemmifera Brassicacées

Bonnes associations
La laitue et l'épinard

À surveiller Les chenilles de la piéride du chou et l'altise, qui poinçonne les feuilles.

Bon à savoir Pour occuper le terrain, n'hésitez pas à semer des salades, de la chicorée ou de la mâche entre les jeunes pieds de choux de Bruxelles.

En hiver, lorsque le potager n'a plus grand-chose à offrir, ce chou occupe le terrain. Quel plaisir de redécouvrir le véritable goût de ses petites pommes vertes qui se bonifient avec le froid.

Quand ? Semez en mars-avril les variétés hâtives, et de mi-mai à mi-juin les variétés d'hiver. Repiquez en juin-juillet.

Où ? Dans toute bonne terre profonde, mais attention : trop de fumure ferait éclater les pommes. Il aime les climats frais, a besoin de soleil et de place pour se développer harmonieusement.

Comment ? Semez sous châssis froid ; au bout de 3 semaines, éclaircissez ou repiquez à 8 cm d'intervalle. Lorsque les plants ont 6 ou 7 feuilles, installez-les dans les carrés. Binez pour désherber le pied et tuteurez les variétés hautes exposées au vent. 1 plant par case (30 x 30 cm).

Récolte et conservation Après les premières gelées blanches, commencez par récolter les pommes du bas de la tige. La récolte se prolonge jusqu'en fin d'hiver. Les choux de Bruxelles se cuisent sitôt cueillis mais on peut aussi les congeler.

chou frisé

Brassica oleracea acephala Brassicacées

Bonnes associations
La poirée, le haricot et le céleri

À surveiller La mouche du chou et le mildiou.

Bon à savoir Pour égayer le potager décoratif, procurez-vous des plants de choux frisés ornementaux de type palmier, désormais vendus en conteneurs dans les jardineries.

D'une rusticité à toute épreuve, ce chou vert ne pomme pas mais forme une rosette de feuilles frisées ou moussues, plus tendres après les gelées.

Quand ? Semez de fin mars à début juin.

Où ? Le chou frisé apprécie les sols consistants, riches, frais et bien drainés. Cultivez-le en climat humide, et toujours sous une exposition ensoleillée.

Comment ? Semez-le en pépinière. Repiquez les plants une première fois après l'apparition de 2 ou 3 feuilles, en les espaçant de 10 cm, puis, au stade 5 ou 6 feuilles, en prenant soin de bien borner* les plants préalablement pralinés*. Vous trouverez aisément, dans le commerce, des plants à repiquer. 1 plant par case (30 x 30 cm).

Récolte et conservation Récoltez feuille à feuille au fur et à mesure de vos besoins, de novembre à début mars. Les grandes feuilles ne craignent pas le froid ; une fois récoltées, il faut cependant les cuisiner sans tarder.

chou pommé

Brassica oleracea capitata Brassicacées

Bonnes associations
La laitue, le pois, et la tomate

À surveiller La piéride du chou, la mouche du chou, la rouille, le mildiou, la hernie du chou, qui déforme le collet* de la plante, et les limaces.

Bon à savoir En automne, ne semez pas trop tôt vos choux de printemps : ils risquent de monter à graines* sans pommer.

Le chou cabus, rouge ou vert à feuilles lisses, et le chou de Milan, à feuilles cloquées, forment tous deux une pomme tendre.

Quand ? Semez en février-mars les choux d'été et d'automne, d'avril à juin les choux d'hiver, en août-septembre les choux de printemps.

Où ? Le chou pommé apprécie les sols profonds, riches en humus, frais mais bien drainés. Il exige une bonne humidité atmosphérique.

Comment ? Effectuez vos premiers semis sous abri. Repiquez un mois plus tard en pépinière, quand 2 ou 3 feuilles sont apparues, en laissant 10 cm entre les plants. Mettez en place courant mai. Faites vos semis d'été à mi-ombre et arrosez jusqu'à la levée. Repiquez quand 5 ou 6 feuilles sont apparues. Vous trouverez aussi sur le marché et en jardinerie des plants de nombreuses variétés, prêts à être repiqués. Pendant toute la croissance des choux, maintenez le sol frais et propre. 1 plant par case (30 x 30 cm).

Récolte et conservation Récoltez vos choux au fur et à mesure de vos besoins, lorsque la pomme est bien formée et surtout avant qu'elle n'éclate. Les choux d'automne et d'hiver évoluent moins vite et peuvent rester en place tout l'hiver. Une fois coupés, les choux pommés se conservent une bonne semaine au frais.

concombre et cornichon

Cucumis sativus Cucurbitacées

Bonnes associations
Le haricot, le céleri, le petit pois et la carotte

À surveiller L'araignée rouge, le mildiou et la fusariose, qui flétrit les tiges.

Bon à savoir Si vous n'arrosez pas régulièrement vos concombres, ils risquent d'être amers.

Le cornichon n'est autre qu'un concombre sélectionné pour être récolté très jeune. C'est un légume idéal pour les débutants, car il n'exige aucune taille.

Quand ? Semez sous abri en mars-avril ou en place vers la mi-mai.

Où ? Ils apprécient les sols riches, légèrement acides et frais, un fort ensoleillement et beaucoup de chaleur.

Comment ? Lorsque les gelées ne sont plus à craindre, semez directement en place ou installez des plants du commerce dans un trou rempli de compost. Paillez le sol et protégez la culture avec un petit tunnel si nécessaire. Une fois les plants endurcis, installez un support de palissage. Arrosez tous les jours par temps sec et bassinez le feuillage. Pincez la tige au-dessus de la troisième feuille puis les rameaux secondaires au-dessus de la quatrième feuille. 1 plant par case (30 x 30 cm).

Récolte et conservation Récoltez les concombres entre la fin juin et la mi-septembre, quand ils mesurent entre 15 et 25 cm, et les cornichons quand ils ont entre 5 et 7 cm de long. Les concombres se gardent une bonne semaine au frais. Quant aux cornichons, ils peuvent se récolter tous les deux jours. Pour les cornichons au vinaigre : brossez-les, les frottez-les avec un tissu, puis mettez-les 24 heures à dégorger en alternant les couches de sel.

courge et pâtisson

Cucurbita moschata et Cucurbita pepo Cucurbitacées

Bonnes associations
Le maïs et le haricot

À surveiller Les souris, qui déterrent les graines, les limaces, les pucerons et l'oïdium.

Bon à savoir Pour faciliter la levée, laissez tremper les graines une demi-journée dans l'eau avant de les semer.

Ces Cucurbitacées aux formes extraordinaires et aux couleurs inattendues sont un régal pour les yeux mais aussi pour le palais. Il leur faut cependant beaucoup de place.

Quand ? Semez à chaud en avril ou directement en place quand tout risque de gelée est écarté (vers la mi-mai).

Où ? Le sol doit être léger, profond et frais, avec une riche fumure. Courges et pâtissons apprécient la chaleur et les expositions ensoleillées.

Comment ? Semez 2 à 3 graines par godet et ne gardez ensuite que la plus belle des plantules. Repiquez dans de larges trous remplis d'une pelletée de compost bien mûr. Le semis direct en place s'effectue dans une terre bien réchauffée ou sous cloche. Prévoyez 3 ou 4 graines par poquet*. Ne gardez que le plus beau plant quand deux vraies feuilles sont apparues. Pincez les plantules puis les rameaux secondaires des variétés coureuses. Maintenez le sol propre en binant, arrosez en été et paillez la base des plants si nécessaire. 1 plant par carré (120 x 120 cm).

Récolte et conservation Récoltez les courges avec leur pédoncule avant les gelées, vers la mi-octobre. Conservez-les à l'intérieur ou dans un local chauffé en pleine lumière. Elles se conservent ainsi plusieurs mois, à condition de ne pas être empilées et de ne pas avoir subi de choc.

courgette

Cucurbita pepo Cucurbitacées

Bonnes associations
Le haricot et le maïs

À surveiller Les maladies à virus, les limaces, l'oïdium et les araignées rouges.

Bon à savoir Pour vos beignets de fleurs de courgette, ne récoltez que les fleurs mâles, qui contrairement aux femelles ne présentent pas de renflement à la base. L'idéal est de les cueillir avant le lever du soleil.

La courgette se consomme crue, gratinée, en purée, farcie ou en ratatouille, et ses grandes fleurs jaunes sont délicieuses en beignets. La culture de cette courge aux fruits verts, blancs ou jaunes est tout à fait à la portée du jardinier débutant.

Quand ? Semez sous abri dès avril, ou en place en mai.

Où ? La courgette apprécie les sols profonds, riches en humus et qui restent frais. Il lui faut du soleil, de la chaleur et de l'espace.

Comment ? Vous trouverez dans le commerce des plants à mettre en place dans des trous préalablement enrichis de 2 à 3 litres de compost. Deux plants de courgette coureuse à faire grimper sur un treillage métallique sont suffisants. Si vous semez en place, attendez que le sol soit bien réchauffé. Glissez 3 graines par poquet*, arrosez copieusement et paillez le sol. 1 plant par case (30 x 30 cm).

Récolte et conservation Les courgettes se récoltent deux mois après les semis et jusqu'à la mi-octobre, quand elles sont encore jeunes et tendres. Les courgettes se conservent au moins 2 semaines à l'abri de la chaleur. On peut aussi les couper en rondelles et les blanchir avant de les mettre au congélateur.

échalote

Allium ascalonicum Alliacées

Bonnes associations
Le poireau et la laitue

À surveiller La pourriture sur les bulbes et le feuillage, due à des champignons, la mouche de l'oignon et le mildiou.

Bon à savoir L'échalote grise est reconnue comme la plus savoureuse mais elle se conserve moins bien que la rose.

Dans une salade, les feuilles de l'échalote jeune peuvent remplacer la ciboulette. Le semis est à réserver aux climats chauds ; préférez-lui la plantation.

Quand ? L'échalote grise ou échalote ordinaire se plante en octobre. Les caïeux* des autres variétés se plantent entre février et la fin mars. Procurez-vous des semences certifiées indemnes de virus.

Où ? L'échalote redoute l'humidité et les fumures récentes. Elle apprécie les sols sableux et perméables. Dans une terre lourde, cultivez plutôt l'échalote rose sur billons*.

Comment ? Enfoncez à la main les caïeux. La pointe, dirigée vers le haut, doit dépasser légèrement. Binez régulièrement et n'arrosez pas. 9 caïeux par case (30 x 30 cm).

Récolte et conservation En juillet, lorsque le feuillage jaunit, arrachez les échalotes et laissez-les ressuyer sur place, au soleil, pendant deux jours. Étalez-les ensuite sur le plancher d'un grenier ou suspendez-les dans tout autre local sec mais bien aéré. L'échalote grise se conserve jusqu'à la fin du printemps de l'année suivante.

épinard

Spinacia deracea Chénopodiacées

Bonnes associations
Le haricot et la carotte

À surveiller Les feuilles décolorées et déformées par la présence d'un virus et le mildiou.

Bon à savoir Plusieurs semis de printemps, à 3 semaines d'intervalle, permettent d'échelonner les récoltes.

L'épinard, riche en vitamines et en sels minéraux, se mange cuit ou cru, en salade. La culture de l'épinard est des plus simples.

Quand ? Semez en place, en mars-avril sous climat frais, en août-septembre dans les régions aux étés secs.

Où ? L'épinard apprécie les terres fortes, riches en humus et gardant bien la fraîcheur. Il supporte mal la chaleur. Les semis de printemps se font donc en situation mi-ombragée. La pose d'un petit tunnel permet de prolonger la récolte en hiver.

Comment ? Semez léger au fond d'un petit sillon de 2 ou 3 cm de profondeur. Tassez et arrosez. Lorsque les plants ont 3 ou 4 feuilles, il faut éclaircir et consommer aussitôt les plants en surnombre. Paillez et arrosez à volonté. 5 plants par case (30 x 30 cm).

Récolte et conservation La récolte peut commencer 6 semaines après le semis : à partir d'octobre pour les semis d'automne, à partir de mai pour les semis de printemps. Ne coupez que quelques feuilles de chaque pied, en épargnant le cœur qui continuera ainsi à produire. Si le plant commence à monter à graines, coupez toutes les feuilles et consommez-les sans tarder. Vous pouvez aussi les blanchir pour les conserver en bocaux, dans des pots de grès avec une couche de saindoux, ou plus simplement au congélateur.

fenouil bulbeux

Foeniculum dulce Apiacées

Bonne association
Le poireau

À surveiller Des parasites sans gravité sur la partie externe du « bulbe ».

Bon à savoir Les jeunes plants seront buttés très tôt pour aider la base des feuilles à blanchir : le « bulbe » sera ainsi plus tendre.

Le parfum anisé et le goût sucré de ce « bulbe » blanc et tendre, riche en fer et en vitamines, lui permettent d'accompagner de façon originale la viande comme le poisson. Son feuillage finement découpé agrémente les sauces et les salades.

Quand ? Semez d'avril à mai, directement en place, sur une terre réchauffée. Dans le Midi, les semis d'été sont recommandés.

Où ? Le fenouil apprécie les sols riches et frais et les expositions ensoleillées mais il redoute la sécheresse.

Comment ? Semez en prenant soin de recouvrir les graines de compost. Damez avec le dos du râteau puis arrosez. Quand les plants ont environ 10 cm de haut, il est nécessaire de les éclaircir. Le fenouil est frileux : vous pouvez aussi le semer sous châssis et ne le mettre en place qu'après les gelées. Arrosez copieusement pour retarder la montée à graines* et buttez deux fois pour recouvrir le bulbe d'une quinzaine de centimètres. 5 plants par case (30 x 30 cm).

Récolte et conservation Une centaine de jours après le semis, récoltez au fur et à mesure de vos besoins les « bulbes » de fenouil qui ont la taille d'un gros poing. Ils se conserveront une bonne semaine dans le bac à légumes du réfrigérateur. Les derniers fenouils récoltés avant les gelées peuvent être conservés à la cave, dans du sable.

haricot

Phaseolus vulgaris Fabacées

Bonnes associations
La carotte et le radis

À surveiller Les limaces, qui détruisent les plantules, la rouille, le botrytis et l'anthracnose, qui noircit les gousses.

Bon à savoir Pour lutter contre les pucerons, pulvérisez une infusion diluée à 5 % de feuilles de rhubarbe.

Haricots verts, haricots à grains et mangetout, disponibles sous forme naine ou à ramer* : le jardinier n'a que l'embarras du choix. La culture du haricot est très facile, et les récoltes souvent généreuses.

Quand ? Semez à partir de la fin mars dans les régions méridionales si le sol est bien réchauffé, de mi-mai à mi-juillet dans les autres régions.

Où ? Le haricot apprécie les sols anciennement fumés, légers, frais et non calcaires, ainsi que les expositions chaudes et ensoleillées.

Comment ? Les graines des variétés naines se sèment en place à 3 cm de profondeur. Pour les variétés grimpantes, semez les graines en poquets* de 6 à 8 graines au pied de filets à ramer ou le long de rames* de noisetier. Arrosez au pied pour que le sol reste frais et buttez pour soutenir les plants. 5 plants par case (30 x 30 cm).

Récolte et conservation Comptez deux mois entre le semis et la récolte des haricots verts, trois pour les haricots à grains frais et cinq mois pour les haricots à grains secs.. Les haricots verts se conservent en bocaux au naturel ou congelés. Les haricots à grains frais peuvent eux aussi être conservés au congélateur, après avoir été blanchis 2 minutes.

laitue

Lactuca sativa Astéracées

Bonnes associations
La carotte, le radis et le haricot

À surveiller Les limaces, les pucerons des racines, le mildiou, le botrytis et la fonte des semis*.

Bon à savoir Échelonnez vos semis et repiquages de façon à étaler les récoltes.

Pommées, batavias, romaines ou à couper : le choix des variétés de laitue à semer est impressionnant, mais on peut préférer repiquer des plants achetés en barquette.

Quand ? Les laitues pommées de printemps se sèment de février à mars, les laitues pommées d'été et d'automne de mars à la mi-juillet, et les laitues pommées d'hiver en septembre et octobre. Semez les laitues romaines de mars à juin, et les laitues à couper de mars à mi-août.

Où ? La laitue apprécie les sols riches en humus, bien travaillés et frais.

Comment ? Semez les laitues de printemps sur couche chaude*, éclaircissez ou repiquez à 20 cm dès que les plants ont 3 ou 4 feuilles. Semez les laitues d'été et d'automne en pépinière, ou directement en place. Recouvrez de terre fine, damez et arrosez. Les plants vendus en barquette doivent être repiqués en veillant à ce que le collet* dépasse légèrement le niveau du sol. 5 plants par case (30 x 30 cm).

Récolte et conservation Comptez entre 2 et 3 mois après le semis pour les laitues de printemps et d'été, 8 mois pour les laitues d'hiver. Les laitues à couper se récoltent feuille à feuille entre 3 et 7 semaines après le semis. Elles se renouvellent après chaque coupe. Les laitues se conservent deux ou trois jours au réfrigérateur.

mâche

Valerianella locusta Valérianacées

Bonne association Le poireau

À surveiller Le dépôt blanchâtre qui apparaît sur la face supérieure des feuilles est dû au mildiou.

Bon à savoir En cas de fortes chaleurs, sauvez vos semis en leur apportant un peu d'ombre.

Cette salade rustique et miniature aux rosettes de feuilles épaisses vert foncé se cultive avec bonheur. Ses vertus adoucissantes lui ont valu le joli nom de doucette.

Quand ? Semez de fin juillet à octobre, de préférence en automne sous climat chaud.

Où ? Il lui faut une exposition ensoleillée, une terre fraîche et plutôt argileuse.

Comment ? Griffez le sol et semez sur une ligne, à la volée*. Recouvrez à peine les graines de terre puis tassez-la fermement. Si vous avez eu la main trop lourde, éclaircissez quand les plants ont 4 ou 5 feuilles. Poursuivez les arrosages jusqu'à la levée. Certaines variétés supportent bien le froid, mais la pose d'un voile de forçage est conseillée dans les régions où l'hiver est rude.16 plants par case (30 x 30 cm).

Récolte et conservation D'octobre au printemps, coupez les rosettes selon vos besoins, juste au-dessus du collet*. Nettoyez-les sous un filet d'eau et consommez-les aussitôt, car elles fanent rapidement.

maïs doux

Zea mays Poacées

Bonne association
Le haricot

À surveiller Les galeries creusées dans les tiges par les chenilles des pyrales et le charbon sur les épis.

Bon à savoir Le maïs s'hybride si facilement qu'il vaut mieux ne cultiver qu'une seule variété, et racheter chaque année des semences pures.

Énergétique et riche en vitamines, ce légume américain croquant et sucré fait la joie des enfants. À cultiver en écran au potager.

Quand ? Semez en avril-mai après les gelées, ou dès mars en godet, sous abri.

Où ? Il lui faut une exposition ensoleillée, une terre profonde et riche, bien travaillée et réchauffée.

Comment ? Semez en place, en poquets de 3 ou 4 graines. Arrosez, éclaircissez et buttez lorsque les plants vous arrivent à la cheville. 3 plants par case (30 x 30 cm).

Récolte et conservation Récoltez les épis avant maturité, de mi-juillet à septembre, lorsque les grains laiteux sont encore tendres sous la pression du pouce. Conservez leur enveloppe si vous voulez les faire griller. Le maïs à éclater se récolte bien mûr ; on suspend les épis dans un local sec et aéré. Les épis des variétés miniatures sont mis au vinaigre.

melon

Cucumis melo Cucurbitacées

Bonnes associations
La laitue et le haricot nain

À surveiller Les pucerons, l'oïdium et l'anthracnose, qui macule les feuilles de brun.

Bon à savoir Facilitez-vous la vie en achetant, en mai, des plants en godet d'une variété qui n'exige pas de taille.

La chair colorée, tendre et sucrée de ce fruit juteux récompense cinq mois de culture attentive. En climat tempéré, il doit être cultivé sous abri, car il lui faut beaucoup de chaleur.

Quand ? Semez en mars-avril, sous abri chauffé, pour une culture hâtée, ou en avril-mai, en place, pour une culture en plein air.

Où ? Le melon aime les sols profonds, enrichis en terreau et frais. Il apprécie la chaleur de régions comme le Midi et le Sud-Ouest : ailleurs, il faudra hâter sous abri la culture des variétés précoces.

Comment ? Semez 3 graines par godet. Plantez fin mai, sous cloche, à raison de deux plants par poquet* rempli de compost. Arrosez au goulot avec de l'eau à température ambiante, aérez et protégez les plants du soleil direct. Étêtez en coupant au-dessus des deux premières vraies feuilles. Pincez régulièrement. Dès que les fruits ont la taille d'un œuf de pigeon, pincez la tige porteuse à deux feuilles au-dessus. 2 plants pour 4 cases (60 x 60 cm au total).

Récolte et conservation Le melon est prêt à être récolté lorsque la base du pédoncule présente une décoloration circulaire et se décolle du fruit : il se sera écoulé 4 ou 5 mois depuis le semis. Avant de le consommer, laissez le melon parfaire sa maturation deux à trois jours dans la cuisine.

navet

Brassica rapa Brassicacées

Bonnes associations La laitue, l'épinard et le fenouil

À surveiller Les escargots, le mildiou, la pourriture noire et le vers du navet, qui creuse les racines.

Bon à savoir Cultivez vos navets de printemps à l'ombre de légumes à grandes feuilles.

Rond, plat, long ou demi-long, le navet se décline en blanc, noir, jaune et rose. Qu'il soit primeur ou d'hiver, en condiment ou glacé, on recherche sa chair tendre et sa saveur sucrée, voire piquante.

Quand ? Semez entre la mi-mars et la mi-mai les navets de printemps et d'été, de mi-juillet à mi-septembre les navets d'automne et d'hiver.

Où ? La terre doit être à la fois riche, légère, fraîche et ameublie. Le navet devient fibreux si le terrain est trop calcaire. Il apprécie les climats tempérés et redoute la sécheresse de l'été.

Comment ? Semez clair, en ligne ou à la volée. Damez le sol avec une planche ou le dos du râteau. Quand les plants ont 2 ou 3 feuilles, éclaircissez à 20 cm. Binez en cours de culture, arrosez souvent et paillez si nécessaire. 5 plants par case (30 x 30 cm).

Récolte et conservation Récoltez les navets primeurs, plus petits, avant qu'ils ne deviennent durs et filandreux. Les navets de garde restent en place jusqu'en novembre ; arrachez-les et coupez leur feuillage avant de les stocker dans du sable à la cave ou dans un silo creusé au jardin. Il faut compter 2 mois entre le semis et la récolte pour les navets de printemps, 3 mois pour les navets d'automne.

oignon

Allium cepa Alliacées

Bonnes associations La carotte, la laitue, le cornichon et la tomate

À surveiller Le mildiou, la rouille, la pourriture du bulbe et la mouche de l'oignon.

Bon à savoir Couchez les tiges avec le dos du râteau pour hâter la maturation des bulbes.

Oignon blanc d'été, oignon jaune ou rouge d'hiver : on ne saurait cuisiner sans lui. Après séchage, les oignons colorés se conservent tout l'hiver.

Quand ? Vous pouvez aussi acheter des oignons à repiquer dès l'automne, sous climat doux, ou en février-mars dans les régions plus froides.

Où ? L'oignon aime les terres fertiles, bien ameublies, de préférence légères et sans excès d'humidité. L'exposition doit être ensoleillée.

Comment ? Le semis de printemps s'effectue en enterrant légèrement les graines. Plombez* les graines, terreautez et éclaircissez à 5 cm, puis à 10 cm.
Le semis d'automne s'opère en semant en pépinière à la volée* ou dans un sillon plat. Repiquez en place tous les 8 à 10 cm après avoir préparé les plants : coupez l'extrémité des feuilles et raccourcissez les racines à 1 cm du bulbe. Le bornage* à l'aide d'un plantoir est indispensable. 9 bulbes par case (30 x 30 cm).

Récolte et conservation Les oignons blancs se récoltent d'avril à fin juin. Les oignons de couleur ne se déterrent de juillet à septembre. Laissez-les sécher au soleil avant de les stocker sur des clayettes, ou bien tressez-les pour les suspendre au grenier. Vous pourrez les conserver tout l'hiver.

oseille commune

Rumex acetosa hortensis Polygonacées

Bonnes associations
Le radis et le persil

À surveiller Les premières gelées arrêtent la production, sauf si les plants ont été installés sous tunnel.

Bon à savoir Récoltez régulièrement les plus grandes feuilles afin de stimuler la production de feuilles tendres et moins acides.

Cette cousine de la rhubarbe, aux feuilles tendres et acidulées, s'utilise dans les soupes, les veloutés et les omelettes, mais elle accompagne aussi très bien les viandes. La culture de l'oseille est facile.

Quand ? Semez de mi-mars à mi-juin. Plantez les sujets en godets au printemps ou à l'automne. Divisez les touffes en mars-avril.

Où ? Dans une terre franche et riche, qui garde bien la fraîcheur en été. Évitez les terrains calcaires.

Comment ? Semez en ligne, plombez* les graines, arrosez puis éclaircissez à 20-30 cm. Plantez les éclats des touffes âgées de 3 ans ou les plants achetés en godets après avoir mis un peu de compost au fond du trou. Binez et arrosez en cas de sécheresse. Ne laissez pas l'oseille monter à graines*. 1 plant par case (30 x 30 cm).

Récolte et conservation Vous pourrez commencer à récolter les feuilles, une à une, 3 mois environ après le semis. Le printemps et l'automne sont les meilleures périodes pour cueillir des feuilles tendres et qui flétrissent rapidement une fois coupées. Vous pouvez congeler votre surproduction, la sécher ou la conserver après blanchiment* : vous la consommerez l'hiver venu avec des épinards.

pastèque

Citrullus vulgaris Cucurbitacées

Bonnes associations Aucune, tant elle prend de place !

À surveiller La mosaïque de la pastèque et l'oïdium.

Bon à savoir Tapez du poing sur la pastèque : si elle résonne, elle est mûre.

Contrairement au melon, cette plante rampante spectaculaire ne nécessite aucune taille. La clef de sa réussite : de l'espace et un été bien chaud.

Quand ? Semez en mars-avril à chaud* pour une culture hâtée, ou directement en place en mai.

Où ? La pastèque aime les sols légers, profonds et enrichis en humus, les expositions ensoleillées. Cultivez-la plein sud.

Comment ? Semez 3 graines par godet sur couche chaude*. Comme pour le melon, ne gardez que la plus vigoureuse des plantules, que vous pincerez au-dessus de la troisième feuille. Plantez dans des poquets de 30 cm remplis de compost. Arrosez copieusement. On peut aussi semer directement en place en mai. 1 plant par carré (120 x 120 cm).

Récolte et conservation Les gros fruits se récoltent en septembre-octobre, quand la vrille du pédoncule est sèche et le feuillage fané. La pastèque se conserve bien dans un local aéré et frais.

poireau

Allium porrum Alliacées

Bonnes associations
Le céleri, le salsifis et le fenouil

À surveiller Le mildiou, la rouille, la mouche de l'oignon et la teigne du poireau, qui creuse la tige et fait dépérir les feuilles.

Bon à savoir Avant de les repiquer, les jardiniers plongent les jeunes plants dans diverses solutions à base d'eau de Javel, de pyrèthre ou de produits anti-vers du commerce.

Le poireau est considéré comme le légume d'hiver par excellence, mais il se récolte toute l'année. Dans le potager en carrés on le récolte très jeune.

Quand ? Semez en ligne entre la fin février et la fin avril, puis repiquez à partir de mai. Si vous avez acheté de jeunes plants, repiquez-les entre juin et septembre. Vous pouvez aussi semer directement en place, mi-septembre.

Où ? Le poireau apprécie les sols lourds mais bien ameublis et enrichis de fumure.

Comment ? Semez clair, en pépinière, à la volée ou dans un sillon peu profond. Maintenez la terre humide jusqu'à la levée. Quand les plants ont la grosseur d'un crayon, repiquez-les en place, dans un sillon profond de 8 cm, après avoir coupé le feuillage de moitié et raccourci les racines à 1 cm. Bornez* les plants. 9 plants par case (30 x 30 cm).

Récolte et conservation Comptez 5 à 7 mois entre le semis de printemps et la récolte. Les poireaux d'hiver se récoltent d'octobre à mars, au fur et à mesure des besoins. Ils se conservent moins d'une semaine au frais mais on peut les préparer en bocaux, à la grecque, utilisez le vert du feuillage dans des soupes et congelez la surproduction.

poirée

Beta vulgaris cicla Chénopodiacées

Bonnes associations
L'oignon et le navet

À surveiller Les limaces, le puceron, le mildiou et la rouille.

Bon à savoir Laissez s'écouler trois années avant de cultiver à nouveau des poirées ou des betteraves sur la même parcelle.

Les cardes blanches, jaunes, rouges ou orangées de la poirée et son feuillage gaufré la rendent très décorative. Sa culture est à la portée du débutant.

Quand ? Semez en place d'avril à juin, ou dès mars sous châssis. Plantez en mai, au soleil ou à mi-ombre, les sujets achetés en godet.

Où ? Cette cousine de la betterave se cultive dans des terrains profonds, enrichis en humus et gardant bien la fraîcheur.

Comment ? Semez de préférence en place, en poquets* de 2 à 3 graines, distants de 40 cm. Éclaircissez quand les plants ont 2 feuilles pour ne garder que le plus beau. Binez et arrosez. 1 plant par case (30 x 30 cm).

Récolte et conservation La récolte se fait feuille à feuille, de juillet jusqu'aux premières gelées, en décollant les plus belles côtes. Le feuillage se consomme comme celui de l'épinard. Les cardes épluchées se conservent bien en bocaux ou au congélateur.

pois

Pisum sativum Fabacées

Bonnes associations
Le chou, le radis et la carotte

À surveiller Les oiseaux, les limaces, l'oïdium, le puceron, la tordeuse du pois, qui s'attaque aux grains.

Bon à savoir Plantez des salades à l'emplacement de vos pois après la récolte : leurs racines, restées en terre, enrichissent le terrain en azote.

Les variétés à grains ronds sont plus résistantes au froid et à l'humidité, celles à grains ridés s'adaptent mieux à la chaleur.

Quand ? Semer les variétés précoces à grains ronds en octobre-novembre, sous climat doux. Ailleurs, semez de février à juin.

Où ? Le pois aime les sols frais, légers et bien ameublis, les expositions ensoleillées au centre du potager.

Comment ? Disposez les graines à 3 ou 4 cm de profondeur. Si vous avez opté pour une variété à rames*, il est indispensable de ficher en terre, tous les 40 cm, des rameaux de noisetier ou les filets du commerce. Opérez quand les plants auront atteint 10 à 15 cm de haut et après les avoir buttés. Les semi-nains seront soutenus par deux rangs de ficelle tendus entre des piquets. Les nains, au port buissonnant, se tiennent tous seuls. 9 graines par case (30 x 30 cm).

Récolte et conservation Passez tous les deux jours dans les rangs pour récolter les pois parvenus à maturité. Les mangetouts se récoltent lorsque les grains commencent à se former. Cueillez les pois sans tirer sur les tiges, car vous pourriez arracher le pied.

pois chiche

Cicer arietinum Fabacées

Bonnes associations
Le concombre et le cornichon

À surveiller L'anthracnose, qui provoque des taches brunes sur les feuilles et les gousses.

Bon à savoir En terrain sec, n'hésitez pas à butter les pieds 2 semaines après le semis ; l'enracinement n'en sera que meilleur.

Ce pois, typiquement méditerranéen, produit des gousses courtes, qui ne contiennent que deux ou trois grains ridés.

Quand ? Le pois chiche se sème vers la mi-mai, et de mi-février à avril dans le Midi.

Où ? Il exige une exposition chaude et abritée, un sol léger et parfaitement drainé.

Comment ? Semez en poquets* de 3 ou 4 graines, distants de 25 cm. Éclaircissez la ligne pour ne garder que les plus beaux plants. Il est recommandé de protéger le semis sous tunnel, sauf dans le Midi. Le pois chiche est très résistant à la sécheresse, mais il faut l'arroser pendant la levée. 4 plants par case (30 x 30 cm).

Récolte et conservation Récoltez les gousses sèches entre fin juillet et mi-octobre selon les régions. Les pois qui ne sont pas tout à fait parvenus à maturité cuisent mieux. Ils se conservent au froid et au sec, et dans le bac à légumes du réfrigérateur.

poivron

Capsicum annuum Solanacées

Bonnes associations La tomate et l'aubergine

À surveiller Les pucerons, les acariens et le mildiou.

Bon à savoir Lorsque le plant porte au moins huit poivrons, vous les aiderez à grossir en taillant les tiges ; laissez une feuille au-dessus de chaque fruit.

Il leur faut encore plus de soleil et de chaleur que la tomate : au nord de la Loire, on tentera la culture de variétés greffées.

Quand ? Semez de février à avril sous abri chauffé. Selon les régions, mettez en place entre avril et fin mai.

Où ? Le poivron apprécie les sols légers, frais et enrichis en compost, les expositions chaudes et ensoleillées au centre du carré.

Comment ? Semez en terrine à plus de 20 °C puis repiquez, au bout de 3 semaines à 1 mois, en godet. Mettez en place, tous les 50 cm, dans des trous de 30 cm de profondeur enrichis en compost. Veillez à ne pas enterrer la base de la tige, et fichez un tuteur en terre. Arrosez copieusement sans mouiller le feuillage et apportez de l'engrais pour tomates une fois par semaine. Dans les régions froides, il est conseillé de planter les poivrons sous abri que la température extérieure est inférieure à 15 °C. 1 plant par case (30 x 30 cm).

Récolte et conservation Cueillez les poivrons d'août à novembre, encore verts ou parvenus à maturation complète, mais toujours avec leur pédoncule. Le poivron se conserve en bocaux, au naturel ou à l'huile, ou bien au congélateur. Le poivron vert cuit mieux que les poivrons jaunes ou rouges.

pomme de terre

Solanum tuberosum Solanacées

Bonnes associations Le chou, le lin et la fève

À surveiller Le mildiou, la teigne de la pomme de terre, la courtilière et le doryphore.

Bon à savoir Fiez-vous à la tradition populaire et attendez que le lilas soit en fleur pour planter les pommes de terre – même si vous pouvez acheter vos plants dès le mois de février.

Généreuse et facile à cultiver, elle se décline aujourd'hui en d'innombrables variétés. Mais elle prend beaucoup de place.

Quand ? Selon les régions, plantez entre la mi-mars et la fin mai, lorsque tout risque de gelée est écarté.

Où ? La pomme de terre aime les terres profondes, bien ameublies et fortement fumées à l'automne.

Comment ? Installez les tubercules pré-germés et certifiés dans des trous de 15 à 20 cm de profondeur et distants l'un de l'autre de 40 cm. Les germes doivent être orientés vers le haut. Comblez de moitié sans tasser. Dès que les pousses pointent, bouchez entièrement le trou. Buttez les pieds 3 semaines plus tard en ramenant la terre autour. Recommencez 2 semaines après, pour que les plants soient buttés sur une hauteur de 20 à 30 cm. 1 tubercule par case (30 x 30 cm).

Récolte et conservation Entre la plantation et la récolte, comptez 2 à 3 mois pour les variétés précoces et jusqu'à 5 mois pour les tardives. Lorsque le feuillage est entièrement fané, il faut tout récolter par temps sec et laisser sécher les pommes de terre une journée sur place. Triez-les avant de les stocker, dans des cagettes, à l'abri du gel et de la lumière.

potiron

Cucurbita maxima Cucurbitacées

Bonnes associations
Le maïs et le haricot

À surveiller Les escargots, les souris, l'oïdium et autres pourritures.

Bon à savoir Ne vous précipitez pas pour consommer les potimarrons : le stockage développe leurs qualités gustatives et nutritives.

Sa culture est un vrai jeu d'enfant ; la graine donne naissance à une plante coureuse au feuillage abondant parsemé de fleurs jaunes, suivies d'énormes fruits très colorés. Réservez-lui une belle surface.

Quand ? Semez sous abri en avril, ou directement en place de mi-mai à mi-juin.

Où ? Potirons et potimarrons aiment les sols bien ameublis et riches en humus, les expositions chaudes et ensoleillées.

Comment ? Sur le côté nord d'un carré, semez 3 graines par poquet*. Ne gardez que le plant le plus vigoureux, paillez et arrosez sans mouiller le feuillage. Pincez au-dessus des deux premières feuilles, puis l'extrémité des pousses dès que les fruits sont formés. Une tuile, une pierre plate ou une ardoise isoleront le fruit de l'humidité du sol et favoriseront sa maturation. 1 plant pour 3 cases (un espace total de 90 x 30 cm).

Récolte et conservation 5 à 6 mois après le semis, récoltez vos potirons en coupant le pédoncule à 10 cm au-dessus du fruit. Laissez-les sécher une journée au soleil, avant de les rentrer dans une pièce lumineuse. Évitez les chocs, qui pourraient les faire pourrir, et surtout ne les empilez pas. Le potiron se conserve ainsi 4 à 5 mois ; il se consomme en soupe, en purée, en gratin mais aussi en tarte et en confiture.

radis

Raphanus sativus Brassicacées

Bonnes associations
La carotte, la laitue et le fraisier

À surveiller L'altise, qui perfore le feuillage, et la mouche du chou, qui déforme les racines.

Bon à savoir Mélangez les graines de radis avec des graines de laitues ou de carottes.

Le radis, qui pousse à vue d'œil, est souvent le premier légume expérimenté par les apprentis jardiniers. Ronde ou longue, sa racine colorée se récolte dans le mois qui suit le semis.

Quand ? Semez en janvier-février, sous abri chauffé, les radis roses à forcer. Semez les radis roses de pleine terre de mars à mi-octobre, les radis d'été et d'automne de mi-mai à fin juillet. Enfin, les radis d'hiver se sèment de juillet à septembre.

Où ? Les radis apprécient les terres riches, légères et fraîches, et les climats tempérés. Ils redoutent les coups de chaud en été. Les radis d'hiver, eux, supportent bien le froid.

Comment ? Les graines des radis ronds seront enterrées à 2 ou 3 cm de profondeur et celles des radis d'hiver à 5 cm. Recouvrez-les de terre fine, tassez avec le dos du râteau et arrosez en pluie fine. Suivez de près les arrosages. 16 à 25 graines par case (30 x 30 cm).

Récolte et conservation Attendez environ 4 semaines après le semis pour soulever un à un les radis dès qu'ils sont formés, en passant dans le rang tous les deux jours. Si vous ne les consommez pas le jour même, mettez-les au réfrigérateur mais pas plus de deux jours, car ils perdent vite de leur fraîcheur. À partir d'octobre, arrachez les radis d'hiver puis stockez-les à la cave, dans du sable humide.

rhubarbe

Rheum rhaponticum Polygonacées

Bonnes associations
Aucune

À surveiller Les escargots et les limaces sur les tiges.

Bon à savoir Ne laissez pas la rhubarbe monter à graines* et utilisez les feuilles, toxiques, pour traiter la gomme des fruitiers en frottant les plaies.

Cette plante au large feuillage apprécie la fraîcheur et peut produire pendant sept années de suite. Il faut lui consacrer un carré complet du potager.

Quand ? Plantez des sujets achetés en godets ou des éclats obtenus par division en avril ou à l'automne.

Où ? La rhubarbe aime les terrains profonds et riches, qui gardent bien la fraîcheur. Vous pourrez la cultiver à mi-ombre ou en plein soleil sous un climat frais. Ses gros bourgeons à fleur de sol ne craignent pas le gel.

Comment ? La rhubarbe peut être semée sous châssis en mai ; il vaut mieux, cependant, partir de jeunes plants ou d'éclats de plus grande taille, sectionnés à la bêche sur un pied adulte. Repiquez dans une terre enrichie en compost, tassez au pied puis arrosez copieusement. Un paillage est recommandé. 1 plant par carré (120 x 120 cm).

Récolte et conservation En mai et en août, coupez ou décollez les nouvelles tiges au plus près de la souche. Sur un sujet issu d'un éclat, attendez cependant la deuxième année pour récolter, et épargnez toujours quelques feuilles. Les pétioles libérés de leur limbe se conservent moins d'une semaine mais peuvent aussi être congelés. En Angleterre, on blanchit* la rhubarbe sous de hautes cloches en terre cuite.

salsifis

Tragopongon porrifolius Astéracées

Bonnes associations
Le poireau et la carotte

À surveiller Les oiseaux, friands des semences, la rouille blanche et l'oïdium.

Bon à savoir Vous pouvez laisser un pied fleurir pour récolter ses graines.

Réputées pour leur saveur délicate et leur goût fondant, les longues racines blanc ivoire et cassantes du salsifis accompagnent à merveille les viandes blanches rôties. Bien que rustique, ce légume racine est réputé capricieux et se mérite.

Quand ? Semez de mars à mai.

Où ? En sol sableux, frais et riche mais sans fumure récente. Le salsifis redoute la sécheresse et les fortes chaleurs estivales.

Comment ? Lorsque le sol est bien réchauffé, semez les graines dans un petit sillon de 3 cm de profondeur. Recouvrez-les de terre fine, plombez* avec le dos du râteau et protégez par un filet. Il faut éclaircir à 10 cm quand les plants — qui ressemblent à s'y méprendre à des pousses de chiendent — ont 2 ou 3 feuilles. Arrosez en été et supprimez les éventuelles hampes florales. Paillez à l'automne pour récolter plus aisément si le sol gèle. 5 plants par case (30 x 30 cm).

Récolte et conservation D'octobre à avril, récoltez à la fourche-bêche selon vos besoins. Coupez les deux extrémités, lavez à l'eau et épluchez. Les racines trop grosses sont ligneuses et creuses. Ne conservez que les plus belles, coupées en tronçons de 4 cm et blanchies avant d'être mises en bocaux. Les feuilles tendres qui apparaissent au début de printemps, au goût de noisette, se mangent en salade.

tomate

Lycopersicon esculentum Solanacées

Bonnes associations L'ail, l'oignon, l'épinard, le basilic et l'œillet d'Inde

À surveiller Le puceron, le doryphore et le mildiou.

Bon à savoir Pour stimuler la croissance des tomates, diluez du purin d'ortie dans l'eau d'arrosage.

Les jeunes plants vendus en godet ne doivent pas faire oublier la diversité des variétés. En effectuant vos propres semis, vous aurez accès à une palette de formes et de saveurs insoupçonnables.

Quand ? Semez sous abri en février-mars. Repiquez en pleine terre d'avril à fin mai, selon les régions.

Où ? Les tomates ont besoin de soleil. Les housses de protection permettent de les cultiver partout, mais le sol doit être léger, riche et frais.

Comment ? Semez à chaud* (16 à 20 °C). Installez les plants en pleine terre, au pied de tuteurs à spirales. Protégez-les avec une housse de croissance jusqu'à ce que la température nocturne passe au-dessus de 15 °C. Les variétés dites à port déterminé ne nécessitent pas de taille. Les variétés à petits fruits forment un buisson très productif. Supprimez les gourmands et étêtez la tige principale des variétés à port indéterminé. Palissez au fur et à mesure de la croissance, paillez et arrosez copieusement. 1 à 2 plants par case (30 x 30 cm).

Récolte et conservation Récoltez vos tomates une à une de juin-juillet à octobre, lorsqu'elles sont bien colorées. En fin de saison, accélérez la maturation avec une housse de protection. Vous pourrez conserver les tomates en saumure, au vinaigre ou en bocaux avec leur jus. Les tomates à cuire peuvent également se congeler.

légumes oubliés

crosne du Japon

Stachys sieboldii Lamicacées

Bonnes associations La pomme de terre et le pois

À surveiller Ni maladies ni parasites n'osent encore s'attaquer au crosne.

Bon à savoir Les graines sont rares : mieux vaut se procurer des rhizomes frais au rayon légumes.

La culture du crosne du Japon, ou épiaire à chapelet, mériterait d'être plus répandue : il est très rustique et possède une saveur raffinée, entre l'artichaut et le salsifis.
Ce sont les petits rhizomes blancs, en forme de chenille, de cette plante vivace que l'on consomme — en gratin, par exemple.

Quand ? Plantez en février-mars.

Où ? Il préfère les climats doux, une terre légère et riche.

Comment ? Creusez de petits trous profonds de 20 cm, déposez-y 3 rhizomes. Recouvrez de terre et arrosez. Binez superficiellement pendant toute la croissance de la plante et jusqu'au début du mois d'octobre. 12 rhizomes par case (30 x 30 cm).

Récolte et conservation La récolte se fait progressivement entre décembre et mars, et uniquement après que le feuillage a séché. Les rhizomes, qui noircissent rapidement à l'air, peuvent être conservés dans le sable.

panais

Pastinaca sativa Apiacées

Bonnes associations
L'oignon et la carotte

À surveiller Le mildiou et l'oïdium, sans gravité.

Bon à savoir Laissez un pied de cette ombellifère monter à graines* (il atteindra 2 mètres de haut environ), pour les récolter fraîches ; vous les sèmerez l'année suivante.

La pomme de terre a détrôné ce légume à la longue racine blanche. Le panais, à la rusticité légendaire, est plus nourrissant et plus facile à cultiver que la carotte ; il se déguste râpé, en chips, en purée ou en gratin.

Quand ? Semez en avril-mai.

Où ? Le panais aime les terres profondes, bien fumées et fraîches, les climats doux et humides.

Comment ? Semez léger. Plombez* le semis, arrosez puis éclaircissez à 15-20 cm quand les plants ont 4 ou 5 feuilles. Binez souvent mais n'arrosez que si c'est vraiment nécessaire. 4 plants par case (30 x 30 cm).

Récolte et conservation Après les premières gelées, de novembre à mars, arrachez les pieds qui devront ressuyer* sur place avant d'être stockés en silo ou à la cave, dans du sable. Le panais ne craint pas le froid et peut aussi rester en place tout l'hiver : vous ferez votre récolte au gré de vos besoins.

persil tubéreux

Petroselinum crispum radicosum Apiacées

Bonnes associations Le chou, le poireau et la tomate

À surveiller Les limaces et les escargots.

Bon à savoir La levée est souvent capricieuse ; on peut y remédier en faisant tremper les graines dans de l'eau tiède la veille du semis.

Ce persil à grosse racine blanchâtre, de 15 cm de long, ressemble au panais, mais sa saveur proche de celle du céleri-rave est appréciée en salade, dans les potages, le pot-au-feu et les gratins.

Quand ? Semez en mars-avril, directement en place, dans une terre bien réchauffée.

Où ? Le persil tubéreux apprécie les sols riches, profonds et frais mais bien drainés. Une exposition ensoleillée est recommandée.

Comment ? Le persil tubéreux se cultive un peu comme le panais. Semez léger, recouvrez les graines de terreau avant de damer avec le dos du râteau. Éclaircissez à 15 cm et arrosez pour que le sol reste frais. 4 plants par case (30 x 30 cm).

Récolte et conservation Il se récolte dès la fin août mais on peut en couper des feuilles en cours de culture : leur goût est proche de celui du persil commun. Fin octobre, arrachez les dernières racines puis laissez-les ressuyer* sur place avant de supprimer tout le feuillage. Stockez-les dans une cave ou un cellier.

rutabaga

Brassica napus napobrassica Brassicacées

Bonnes associations
Le céleri, le haricot et la betterave

À surveiller Il subit les mêmes parasites et les mêmes maladies que le chou.

Bon à savoir Le manque d'eau provoque un stress, et la chair du rutabaga devient filandreuse.

Le goût sucré de ce légume rustique, à mi-chemin entre le chou et le navet, lui a redonné une place de choix dans la cuisine, notamment pour les potées et les ragoûts d'hiver.

Quand ? Il faut le semer en pépinière à partir du 15 mars, ou directement en place en mai-juin.

Où ? S'il apprécie les sols lourds et frais, ainsi que les climats humides, ce chou-navet redoute la chaleur.

Comment ? Semez léger et repiquez les plants à 30 cm l'un de l'autre lorsque la racine a la grosseur d'un crayon. Le semis en place, effectué par poquets* de 3 ou 4 graines, sera suivi d'un éclaircissage*, et un seul plan sera conservé. 4 plants par case (30 x 30 cm).

Récolte et conservation Les rutabagas peuvent être récoltés d'octobre à mars, soit 4 mois après le semis, au fur et à mesure des besoins mais de préférence avant leur complet développement. On peut aussi les conserver empilés dans une cave ou en silo.

scorsonère

Scorzonera hispanica Astéracées

Bonnes associations
Le poireau et la carotte

À surveiller L'oïdium, la rouille blanche et le puceron des racines.

Bon à savoir Si vous ne supprimez pas les hampes florales qui peuvent apparaître la première année, vous risquez de récolter des racines fibreuses.

La racine charnue de la scorsonère se déguste sautée ou en gratin et ses feuilles tendres ont un goût de noisette. La scorsonère a besoin d'une terre légère ; le semis, qui lève parfois de façon capricieuse, doit être arrosé souvent.

Quand ? Semez en place de fin février à début mai.

Où ? La scorsonère apprécie les sols bien travaillés, riches en humus et conservant la fraîcheur. Si la terre est lourde, les racines se brisent au moment de l'arrachage.

Comment ? Semez les graines blanches à 2 cm de profondeur. Plombez* et arrosez. Éclaircissez à 10 cm lorsque la plante a 3 ou 4 feuilles. Binez et arrosez pour maintenir le sol frais — un bon paillage se révèle également efficace. 5 plants par case (30 x 30 cm).

Récolte et conservation D'octobre à mars, arrachez les scorsonères — elles mesurent environ 30 cm de long. Vous pouvez aussi récolter les jeunes feuilles pour les consommer en salade. Lavée, grattée, coupée en morceaux puis blanchie, la racine à chair blanche se conserve au congélateur.

tétragone cornue

Tetragonia expansa Aizoacées

Bonnes associations La tomate, l'aubergine et le poivron

À surveiller Les limaces et les escargots.

Bon à savoir Pour stimuler la germination, faites tremper les graines toute une journée dans de l'eau tiède avant de les mettre en terre.

Crues, en potage ou en gratin, les feuilles charnues remplacent en été celles de l'épinard. La tétragone supporte les fortes chaleurs et s'accommode des terrains secs.

Quand ? Semez en avril à chaud* puis repiquez après les dernières gelées, ou semez directement en place fin mai.

Où ? La tétragone apprécie les terres fraîches, légères et bien fumées ; elle a besoin d'un excellent ensoleillement.

Comment ? Semez 3 graines par godet sous châssis, éclaircissez pour ne garder que le plant le plus vigoureux. Repiquez dans une case en bordure du potager. Vous pouvez faire un semis en place, en poquet, puis éclaircir. Arrosez copieusement. Les tiges étalées de la tétragone couvriront rapidement la case si vous pincez les jeunes pousses. 1 plant par case (30 x 30 cm).

Récolte et conservation Récoltez une à une les grandes feuilles cassantes et l'extrémité des tiges tendres, au fur et à mesure de vos besoins, de juillet aux gelées. Consommez-les rapidement. Vous pouvez aussi congeler votre récolte.

topinambour

Helianthus tuberosus Astéracées

Bonnes associations
Aucune

À surveiller Les rongeurs.

Bon à savoir Le moindre tubercule abandonné peut engendrer une population vite envahissante : veillez à récolter tous les topinambours avant d'installer un autre légume à sa place.

Cette plante géante à fleurs jaunes retrouve grâce aux yeux des gourmets. Ses tubercules ont le goût du cœur d'artichaut.

Quand ? Plantez les tubercules en mars-avril.

Où ? Très accommodant, le topinambour préfère pourtant les terres riches, pas trop humides, au soleil ou à la mi-ombre. Réservez-lui un emplacement dégagé au fond du potager, où il formera un bon brise-vent.

Comment ? Plantez un tubercule muni d'un ou deux yeux à 15 cm de profondeur. Dans le potager en carrés, mieux vaut lui consacrer une ligne de 3 cases, côté nord, où il fera brise vent. 1 tubercule par case (30 x 30 cm).

Récolte et conservation De novembre jusqu'au printemps, récoltez les tubercules en fonction de vos besoins car ils se conservent mal une fois arrachés. Préférez les tubercules de taille moyenne, plus faciles à éplucher et plus tendres que les gros.

petits fruits

cassis

Ribes nigrum

Bonnes associations Le petit pois, le fraisier, le souci et la capucine

À surveiller L'oïdium, la rouille, l'anthracnose et les pucerons.

Bon à savoir Seuls les rameaux âgés de plus de deux ans fructifient.

Pour bien fructifier, le cassissier, arbuste rustique*, a besoin d'un hiver marqué. Contrairement aux variétés anciennes, les variétés récentes sont autofertiles*.

Quand ? Les cassissiers se plantent de novembre à début mars.

Où ? Le cassissier apprécie les sols bien drainés, même calcaires, raisonnablement enrichis en humus. Dans le Midi, offrez-lui une exposition ensoleillée et mi-ombragée. Les gelées tardives peuvent compromettre la production.

Comment ? Avant la plantation, retaillez les racines des sujets à racines nues. Creusez un trou de 30 cm de côté, jetez au fond une pelletée de compost bien mûr et plantez l'arbuste en enterrant légèrement la base de la touffe. Arrosez copieusement et paillez. La taille hivernale consiste à couper les vieux rameaux au ras du sol : le cœur de la touffe restera ainsi bien aéré. 1 pied pour 4 cases (60 x 60 cm).

Récolte et conservation Les fruits se récoltent durant tout le mois de juillet. Les cassis se conservent quelques jours en barquette. Ils peuvent aussi être congelés. Veillez dans ce cas à les espacer légèrement sur un plateau avant de les ensacher, pour qu'ils restent bien séparés.

fraise

Fragaria

Bonnes associations Le radis, la mâche, le haricot nain, la carotte, le poireau et l'oignon

À surveiller L'oïdium, la pourriture grise, les virus, les limaces, les escargots et les oiseaux.

Bon à savoir Si vous souhaitez de belles récoltes, consacrez-lui un carré complet.

La culture du fraisier est facile, à condition de renouveler les plantations et diversifiez les variétés pour échelonner votre récolte.

Quand ? Plantez vos fraisiers de préférence en septembre ou en mars-avril.

Où ? Le fraisier apprécie les terres riches en humus, fraîches et légèrement acides, bénéficiant d'une exposition chaude et ensoleillée ; les variétés à petits fruits préfèrent un léger ombrage.

Comment ? Les plants achetés en godets se mettent en place, comme toutes les vivaces, en alignant le sommet de la motte avec le niveau du sol. Paillez ensuite avec de la paille, des aiguilles de pin ou des paillettes de lin. Maintenez le sol frais, désherbez les rangs, supprimez régulièrement les stolons* et apportez une bonne fertilisation chaque automne. Renouvelez vos plantations tous les trois ou quatre ans, sous peine de voir l'importance de vos récoltes diminuer fortement. 4 plants par case (30 x 30 cm).

Récolte et conservation Les variétés précoces, cultivées sous climat doux, commencent à produire en mai ; les variétés non remontantes en juin et juillet ; les remontantes donnent jusqu'à la fin septembre. Récoltez les fraises avec leur pédoncule. Elles doivent être très colorées et encore bien fermes.

framboise

Rubus idaeus

Bonne association Le haricot

À surveiller L'anthracnose, l'oïdium, la rouille et le dépérissement des tiges.

Bon à savoir Si la taille des remontants vous semble compliquée, rasez en hiver toutes les tiges ayant fructifié.

En cultivant à la fois des variétés classiques et des remontantes, vous pourrez récolter des framboises de la mi-juin à la mi-octobre.

Quand ? Les sujets à racines nues se plantent de novembre à début mars. Les plants élevés en godets pourront être mis en place jusqu'en mai.

Où ? Les framboisiers apprécient les sols légers, riches en humus, un peu acides, frais mais bien drainés. Réservez-leur un carré complet car ils drageonnent fortement.

Comment ? Plantez les jeunes framboisiers en ligne. Coupez les tiges de moitié. Arrosez bien et paillez. Les plants de plus de 1,50 m de haut peuvent rester libres ou être palissés sur des fils tendus. La taille hivernale des variétés non remontantes se limite à la suppression des tiges ayant fructifié. Celle des variétés dites remontantes s'effectue en deux fois : à l'automne, coupez de moitié les cannes qui ont produit ; courant juin, coupez à ras de terre les vieilles cannes desséchées. Faites chaque année des apports d'engrais complet au début du printemps. 1 plant par case (30 x 30 cm).

Récolte et conservation En période de production, récoltez les framboises tous les jours, le matin ou le soir. Consommez les fruits sans tarder. Vous pourrez les congeler, les préparer en confiture, en sirop ou en coulis.

groseille à grappes

Ribes rubrum

Bonnes associations
Le petit pois et le haricot nain

À surveiller La rouille, l'oïdium, les pucerons et les oiseaux.

Bon à savoir Si vous manquez d'espace, palissez les rameaux de groseillier en éventail, sur un treillage.

Palissés ou conduits sur tige, ces arbustes rustiques* sont plantés en bordure du potager. La récolte, souvent très généreuse, se fait en été.

Quand ? Les groseilliers, qu'ils soient en pot ou à racines nues, se plantent de préférence entre la fin de l'automne et le tout début du printemps.

Où ? Les groseilliers apprécient une exposition ensoleillée à légèrement ombragée dans les régions où les saisons sont bien marquées. Ils s'accommodent d'une terre riche et profonde, pas trop calcaire.

Comment ? Creusez un trou au fond duquel vous déposerez une bonne pelletée de compost. Installez le plant, puis comblez avec de la terre de façon à ce qu'elle recouvre la base des rameaux sur 3 à 4 cm. Arrosez copieusement ; si le terrain est sec, n'hésitez pas à pailler. L'enracinement n'est que superficiel. L'arbuste peut être laissé libre, mais les variétés à bois souple peuvent être palissées. Taillez à ras de terre, en hiver, les rameaux de forte section âgés de plus de trois ans. 1 pied pour 4 cases (60 x 60 cm).

Récolte et conservation Sous un climat moyen, les variétés précoces fructifient de la fin juin au début du mois de juillet, et les variétés de mi-saison vers la mi-juillet ; les plus tardives arrivent à maturité la première quinzaine d'août. Les fruits peuvent rester près d'un mois sur la grappe sans s'abîmer.

mûre

Rubus

Bonnes associations
Les Loganberry et les Tayberry

À surveiller La rouille, le mildiou et l'anthracnose.

Bon à savoir Il faut impérativement la palisser pour contrôler sa vigueur.

D'une vigueur parfois difficile à maîtriser – au potager, il faut impérativement la palisser – et très résistantes aux maladies, les ronces sont également très prolifiques.

Quand ? Les sujets, en godet ou en pot, se plantent de l'automne jusqu'au début du printemps.

Où ? Les ronces apprécient les terres bien fumées et fraîches, voire légèrement acides, et une exposition ensoleillée à mi-ombragée. Leur culture est à éviter sous les climats trop rudes. Palissez-les sur un grillage à mouton de 1,5 m de hauteur.

Comment ? Creusez un trou deux fois plus grand que le pot, garnissez le fond de compost puis mettez le plant en terre de façon que le niveau de la motte affleure le sol. Tassez au pied puis arrosez. Paillez, pour conserver le sol bien propre. Au cours de l'été, fixez les longs rameaux de l'année sur le grillage. Apportez chaque année, à la sortie de l'hiver, une bonne fertilisation. 1 pied pour 3 cases (soit pour 90 x 30 cm).

Récolte et conservation Les mûres se récoltent de juillet à fin septembre sur des pieds de plus de deux ans. Visitez votre plantation tous les deux jours afin de cueillir les fruits parvenus à parfaite maturité avant qu'ils ne soient trop mous. Les mûres se conservent mal, mais elles peuvent entrer dans la composition de gelées et de confitures, mêlées à des framboises.

aromates

aneth

Anethum graveolens

Bonnes associations
La fève, le haricot, la capucine

À surveiller La montée à graine des plants.

Bon à savoir L'aneth se ressème naturellement et éloigne les pucerons.

Son feuillage léger au goût anisé ses tiges érigées font que l'aneth trouve sa place dans tous les carrés ensoleillés du potager.

Quand ? Semez en place d'avril à juin.

Où ? L'aneth apprécie une exposition ensoleillée. Il pousse dans un sol léger ou bien ameubli, plutôt sec.

Comment ? Semez à la volée dans un carré lorsque la terre est bien réchauffée. La levée, qui intervient dans les 15 jours, sera suivie d'un éclaircissage. Les plantules se transplantent difficilement. On peut se passer du semis en achetant des plants en godet au printemps. On en trouve même cultivées en bio. Par forte chaleur, arrosez pour éviter une rapide montée à graines. 5 plants par case (30 x 30 cm).

Récolte et conservation La récolte des feuilles tendres se fait au fur et à mesure des besoins. On peut commencer à les couper 2 mois après un semis pour aromatiser les salades et les sauces. Les feuilles se gardent bien une fois congelées. Attendez le mois de septembre pour récolter les graines mûres qui aromatisent les salades, les grillages et les bocaux de cornichons.

basilic

Ocimum basilicum

Bonnes associations
La tomate

À surveiller Les plantes voisines qui lui font de l'ombre.

Bon à savoir Il existe des variétés au port en boule et à petites feuilles qui prennent moins de place.

La tête au soleil et les pieds au frais, le basilic au feuillage vert ou violacé pousse vite et décore les bordures du potager.

Quand ? Semez en mars-avril à chaud ou en mai en place.

Où ? Le basilic exige beaucoup de chaleur. Il apprécie une terre riche, fraîche mais bien drainée.

Comment ? Semez à chaud, dans des godets ou en caissette. Éclaircissez rapidement. Comptez six semaines entre le semis et le repiquage dans une terre bien réchauffée. Dans les régions à climat doux, les graines, semées directement en place en mai, lèvent en trois jours à 20 °C. Vous trouverez en jardinerie de beaux plants à installer dans le potager vers la mi-mai. Pour éviter à la plante de monter à graines* et de s'étioler, supprimez régulièrement les boutons floraux. Arrosez souvent pour garder le sol frais. 5 plants par case (30 x 30 cm).

Récolte et conservation Cueillez les feuilles une à une selon vos besoins. Elles ont une saveur très différente, anisée, camphrée, citronnée, selon les variétés. On utilise le basilic comme condiment dans les salades, les sauces, le pistou. On peut congeler les feuilles ou en conserver dans l'huile.

cerfeuil commun

Anthriscus cerefolium

Bonnes associations La ciboule et la verveine odorante

À surveiller L'arrosage pour retarder la montée à graines en été.

Bon à savoir Produisez vos semences en séchant à l'ombre les graines arrivées à maturité.

Son feuillage finement découpé et son goût anisé font du cerfeuil une incontournable fine herbe.

Quand ? Semez en mars, en juin ou en septembre.

Où ? Le cerfeuil commun apprécie la mi-ombre et un sol léger, non calcaire, frais et humifère.

Comment ? Semez clair en mélangeant les graines avec du sable. Plombez* le semis après l'avoir recouvert de tourbe. La levée, qui se fait en moins de 10 jours, nécessite un éclaircissage. Les sujets levés à la fin de l'été passeront l'hiver sans encombre. Supprimez les hampes florales afin de favoriser la pousse du feuillage, qui gardera toute sa saveur. Arrosez par temps sec. Protégez les derniers semis sous cloche pour prolonger la récolte tout l'hiver. 6 plants par case (30 x 30 cm).

Récolte et conservation Environ un mois et demi après le semis, on commence à récolter les feuilles. Fraîches et ciselées, elles parfument les potages, les salades, les légumes et les grillades. Il s'ajoute toujours en fin de cuisson. Les feuilles ne se conservent au réfrigérateur que 5 à 6 jours mais on peut les congeler.

ciboulette

Allium schoenoprasum

Bonnes associations
Le thym, le persil et le souci

À surveiller Les touffes qui s'épuisent au bout de 3 ans.

Bon à savoir Les fleurs roses au goût sucré et d'ail se consomment aussi en salade.

Ciboulette ou civette, cette fine herbe est une vivace bulbeuse facile à multiplier par division.

Quand ? Semez de février à avril et plantez de préférence au printemps.

Où ? La ciboulette apprécie les emplacements ensoleillés mais supporte la mi-ombre. Toute bonne terre de jardin, riche en humus et conservant la fraîcheur lui convient.

Comment ? Semez en lignes. La levée intervient au bout de 15 jours. Arrosez pour stimuler la croissance. Une touffe adulte atteint 10 à 15 cm de hauteur et produit, à la fin du printemps, des fleurs d'un rose violacé. Vous pourrez aussi vous procurer des plants vendus en petits pots pour créer de jolies bordures. Les touffes se divisent aisément au printemps en séparant les bulbilles. Supprimez les fleurs pour éviter l'épuisement des plants. Arrosez régulièrement en été pour que le feuillage ne jaunisse pas prématurément. N'hésitez pas à renouveler les touffes en les divisant. 5 plants par case (30 x 30 cm).

Récolte et conservation Coupez aux ciseaux les jeunes feuilles du printemps à l'automne selon vos besoins. Fraîches et ciselées, elles aromatisent les salades, les crudités et le fromage blanc. Entières, elles décorent les assiettes. Cuites, elles parfument l'omelette et le poisson. Les feuilles se gardent 3 jours dans un verre d'eau ou au réfrigérateur mais elles peuvent aussi se congeler.

coriandre

Coriandrium sativum

Bonnes associations
Le basilic et la bourrache

À surveiller Dès que les graines commencent à jaunir, il faut les récolter.

Bon à savoir Les graines de la coriandre gardent leur pouvoir germinatif près de huit ans.

Persil arabe et persil chinois, deux noms pour cette plante condimentaire qui s'avère aussi très décorative.

Quand ? Semez après les gelées, de mars jusqu'en septembre,

Où ? La coriandre aime un sol léger, fertile, bien drainé mais restant frais. Une exposition très ensoleillée et chaude est indispensable.

Comment ? Semez dans une terre bien affinée par poquet de 3 à 4 graines. Après la levée, lorsque les plants ont 4 à 5 feuilles, éclaircissez*. La plante, qui ressemble au persil plat, peut atteindre 80 cm de haut lorsqu'elle produit ses ombelles de fleurs rose pâle ou blanches. Étalez les semis pour vous assurer une longue récolte de feuilles fraîches. Arrosez régulièrement en été et paillez le sol si nécessaire. 5 plants par case (30 x 30 cm).

Récolte et conservation Coupez des feuilles fraîches au fur et à mesure de vos besoins. Ciselées, elles aromatisent les plats exotiques comme la soupe chinoise, la moussaka et les boulettes de viande. Les graines épicées, récoltées en été, parfument les pâtisseries, les marinades, les farces, le riz et les liqueurs. Elles se conservent bien sèches dans un bocal en verre.

estragon

Artemisia dracunculus

Bonnes associations
La ciboulette et le souci

À surveiller Les limaces qui ravagent les jeunes plants.

Bon à savoir Ne cherchez pas les graines ; l'estragon n'en produit pas.

Cette plante vivace aux fines feuilles aromatiques redoute le froid et l'excès d'humidité.

Quand ? Plantez en avril-mai et bouturez en août.

Où ? L'estragon aime les emplacements chauds ainsi qu'une terre légère, riche et bien drainée.

Comment ? Achetez au printemps des plants en godets. Installez dans un carré du potager en apportant une bonne poignée de compost au fond du trou. Si le sol est lourd ajoutez du sable. Arrosez au pied pour garder le sol frais. En été, on peut bouturer les tiges qui passeront l'hiver sous cloche. Les pieds adultes méritent la protection d'un voile d'hivernage puis d'un rabattage au printemps. 4 plants par case (30 x 30 cm).

Récolte et conservation Récoltez les rameaux feuillus en les coupant avec une paire de ciseaux. Elles aromatisent les sauces, les légumes, les volailles et le poisson. Avant que la plante ne fleurisse en été, coupez les rameaux pour les faire sécher à l'abri de la lumière puis les réduire en poudre. Le mieux est de les congeler.

mélisse

Melissa officinalis

Bonnes associations L'oseille et la menthe

À surveiller Les pousses très vigoureuses et les semis spontanés.

Bon à savoir L'odeur forte de la mélisse repousse les aoûtats.

Cette plante vivace à la fraîcheur citronnée doit être contrôlée pour ne pas envahir les carrés.

Quand ? Plantez au printemps ou à l'automne.

Où ? La mélisse pousse dans un sol léger, profond, frais à sec à exposition ensoleillée à mi-ombragée.

Comment ? Installez la mélisse en bordure du carré pour mieux la contrôler. Les touffes en place se divisent aisément au printemps. Sinon, pratiquez un semis en mai, qui lèvera lentement, suivi d'un repiquage à l'automne. Les touffes peuvent atteindre 50 cm de haut. Courant juillet, coupez-les à ras pour favoriser la pousse de nouvelles feuilles. Arrachez la touffe au printemps et recoupez les pousses qui s'étalent avant de replanter. Cela limitera son expansion. 1 plant par case (30 x 30 cm).

Récolte et conservation Les feuilles se récoltent au printemps mais aussi à l'automne. Fraîches, elles parfument les boissons, les tisanes, les pâtisseries. En juin et juillet, séchez rapidement les tiges la tête en bas. Les feuilles se conservent ensuite dans une boîte en fer blanc.

menthe

Mentha

Bonnes associations Le cerfeuil musqué

À surveiller Les tiges souterraines qui gagnent vite du terrain.

Bon à savoir La variété 'Nannah', de l'espèce *spicata*, est l'une des meilleures pour le thé à la menthe marocain.

Verte, poivrée ou chocolatée la menthe demeure une plante vivace envahissante difficile à contenir dans les carrés.

Quand ? Plantez au printemps ou à l'automne.

Où ? La menthe se contente d'une terre ordinaire, bien ameublie et fraîche à exposition ensoleillée à mi-ombragée.

Comment ? Certaines espèces, comme la menthe poivrée, la menthe pouliot ou la menthe verte, peuvent se semer en mai. Mais il est préférable de se procurer des plants vendus en godets. Plantez-les de préférence en bordure des carrés. On peut contrôler son expansion en la plantant dans un pot profond et enterré. La menthe est facile à diviser au printemps : procurez-vous des fragments de tiges racinées chez vos amis. Arrachez un tiers des tiges tous les ans pour limiter l'expansion de la plante. Seules la menthe corse et la menthe pouliot s'étalent lentement au ras du sol. Coupez les grandes tiges juste après la floraison. 1 plant par case (30 x 30 cm).

Récolte et conservation Récoltez les feuilles fraîches au fur et à mesure des besoins pour parfumer les salades de fruits, le taboulé, les poissons et l'agneau. Les tiges seront séchées en juillet et leurs feuilles conservées dans un bocal hermétique.

persil

Petroselinum crispum

Bonnes associations
La ciboulette, la salade

À surveiller Les limaces qui raffolent des jeunes plants.

Bon à savoir Si les graines de persil gardent leur pouvoir germinatif plus de trois ans, mieux vaut acheter des graines fraîches.

À feuillage plat ou frisé, cette herbe condimentaire est une des plus cultivée. Petite, elle se glisse facilement entre les légumes.

Quand ? Semez de mars à mi-mai.

Où ? Le persil se glisse dans toutes les cases du potager. Il réclame une exposition ensoleillée à mi-ombragée en été au pied des légumes-feuilles. Il aime les sols légers, profonds, riches et frais.

Comment ? Semez les graines à la volée* puis éclaircir à 10 cm. Vous les aurez préalablement laissées tremper dans l'eau une journée entière.

Une fois égouttées, mélangez-les à du sable fin pour faciliter le semis. Recouvrez les graines de 1 cm de terre, puis tasser le semis et arrosez. La levée peut prendre de 2 à 6 semaines. Simplifiez-vous la vie en achetant de petits plants en mini-motte ou en godet. Ils doivent être mis en terre sans tarder. Maintenez le sol frais par un arrosage régulier. Laissez quelques plants montés à graines* se ressemer naturellement dans les carrés. 7 plants par case (30 x 30 cm).

Récolte et conservation Coupez les feuilles au fur et à mesure des besoins. Fraîches ou cuites, entières ou hachées, elles aromatisent le poisson, les viandes, les légumes, le beurre, l'œuf et les sauces. C'est un ingrédient du bouquet garni. Les feuilles se gardent dans un verre d'eau ou au réfrigérateur 4 à 5 jours.

romarin

Rosmarinus officinalis

Bonnes associations Le fenouil, la lavande et le thym

À surveiller Les hivers rigoureux qui grillent le feuillage.

Bon à savoir Pour limiter son ampleur, taillez légèrement en mars.

Érigé ou rampant, le romarin trouve sa place au soleil dans le carré des aromatiques.

Quand ? Semez en mai-juin ou mieux, plantez au printemps.

Où ? Le romarin réclame un sol léger et parfaitement drainé ainsi qu'une exposition très ensoleillée et abritée des grands froids. Il se plait dans les carrés surélevés du potager.

Comment ? Semez en fin de printemps en pépinière. Il faudra ensuite repiquer les jeunes plants l'année suivante. Mais si vous êtes pressé, mieux vaut planter des sujets en pot ou issus de boutures estivales. En cas d'hiver rude, n'hésitez pas à protéger l'arbuste du gel avec un voile d'hivernage. 1 plant par case (30 x 30 cm).

Récolte et conservation Les feuilles persistantes et aromatiques de cet arbrisseau se récoltent toute l'année en coupant l'extrémité des rameaux. Elles parfument les grillades, les ragouts, le poisson, les viandes et l'huile. Les rameaux récoltés avant la floraison se sèchent à l'ombre. Ensuite, on ne garde que les feuilles dans un bocal en verre.

sarriette commune

Satureja montana

Bonnes associations Thym, sauge et romarin

À surveiller Le gel qui endommage les racines.

Bon à savoir La sarriette peut former une jolie bordure dans un carré d'aromatiques.

Ce petit arbrisseau au feuillage persistant, épicé et poivré, fleure bon le maquis.

Quand ? Plantez au printemps ou à l'automne.

Où ? La sarriette des montagnes exige une terre légère, bien drainée avec une exposition très ensoleillée. Elle ne craint pas le calcaire.

Comment ? Procurez-vous des plants élevés en godet. Si la terre est trop lourde ajoutez du sable. Une taille annuelle, en juin, permet de garder une forme compacte et de récolter de belles tiges. La plante peut aussi se semer, se bouturer et même se marcotter. Elle fleurit entre juillet et septembre. N'hésitez pas à la protéger du gel avec un bon paillage de feuilles mortes. À la fin de l'hiver, on peut la coupez à 10 cm du sol pour la faire repartir. 5 plants par case (30 x 30 cm).

Récolte et conservation Les tiges se récoltent pratiquement toute l'année. Mais c'est en début de floraison qu'elles sont le plus parfumées. Les feuilles aromatisent les lentilles, les fèves, les salades, les sauces et les marinades. Les petits bouquets, séchés la tête en bas, se conservent près d'un an en bocal.

sauge

Salvia officinalis

Bonnes associations
Le chou, le thym et la sarriette

À surveiller La formation de vieux bois qui nécessite un rajeunissement par la taille.

Bon à savoir L'odeur camphrée de la sauge éloigne la piéride du chou.

Aromatique, mellifère et médicinale la sauge est aussi indispensable pour son feuillage décoratif. À feuillage vert, panaché, tricolore ou à feuille de lavande la sauge officinale est toujours vivace.

Quand ? Le semis et la plantation s'effectuent à la fin du printemps.

Où ? La sauge aime les terrains perméables, secs et même calcaires. Il lui faut un emplacement très ensoleillé.

Comment ? Les jeunes plants issus de boutures* et vendus en godets au printemps s'enracinent rapidement au potager. Vous pourrez aussi trouver sur le marché de grosses touffes à diviser en mars. Cette vivace, qui marcotte* naturellement, se multiplie facilement par bouturage en mai ou par semis en place en avril. Un printemps sur deux, n'hésitez pas à rabattre cet arbrisseau qui se dégarnit de la base. Une taille d'entretien s'impose aussi après la floraison de juin. 3 plants par case (30 x 30 cm).

Récolte et conservation Récoltez les feuilles persistantes en toutes saisons pour aromatiser la viande de porc, les poissons, les légumes et les plats en sauce. L'infusion de sauge est digestive. Les feuilles séchées se conservent dans l'obscurité.

thym

Thymus vulgaris

Bonnes associations La ciboulette, la sauge et la sarriette

À surveiller Les touffes qui se creusent au bout de 3 ou 4 ans.

Bon à savoir L'odeur forte du thym repousse nombre de parasites du potager.

Vert foncé, doré, panaché... le thym se décline dans de nombreuses variétés au parfum classique ou citronné.

Quand ? Semez ou plantez en avril-mai.

Où ? Le thym se contente d'un sol léger, bien drainé, même calcaire. Mais il réclame une exposition chaude et ensoleillée.

Comment ? Les éclats de touffes vendus sur le marché ou les plants en godets des jardineries se mettent en place au printemps. La plante, de moins de 40 cm de haut, aux fleurs mellifères, redoute l'humidité. N'hésitez pas à alléger la terre avec du sable. Vous pourrez semer ses graines très fines à condition de plomber* le sol. Comptez près de 3 semaines pour la levée. L'année suivante, repiquer les jeunes plants dans le carré d'aromatiques. Les touffes ayant tendance à se dégarnir, n'hésitez pas à les rabattre au printemps et à butter* légèrement les pieds : cela permet de conserver leur port trapu. 4 plants par case (30 x 30 cm).

Récolte et conservation Coupez aux ciseaux les brins de thym toute l'année et les tiges fleuries en début d'été. L'hiver, les feuilles sont moins parfumées. Le thym entre dans la composition du bouquet garni et facilite aussi la digestion sous forme de tisane. Les petits bouquets de thym récoltés en début d'été se sèchent à l'ombre et se conservent à l'abri de la lumière.

fleurs

amaranthe

Amaranthus

Bonnes associations Le chou palmier, la tomate et le maïs

À surveiller L'arrosage en période de canicule.

Bon à savoir Les feuilles et les fleurs, riches en protéines, sont consommées en Afrique et en Asie.

Les épis richement colorés et le feuillage décoratif de l'amaranthe apportent une touche d'exotisme au potager.

Quand ? Semez en mai-juin.

Où ? L'amaranthe se plait à exposition ensoleillée dans la bonne terre du potager, riche, fraîche et bien réchauffée. Elle ne craint pas le calcaire.

Comment ? Semez les graines, très fines, en les recouvrant peu, directement en place, en mai-juin. Éclaircissez. Vous trouverez aussi en jardinerie de jeunes plants en godets prêts à repiquer. Au cours de l'été, arrosez copieusement au pied de la plante. Les plus grandes variétés atteignent 200 cm de haut. Les spectaculaires panicules, fleuries de juillet à fin septembre, mesurent jusqu'à 40 cm de long. Au cœur d'un potager en carrés, on préfère les variétés tricolores, de moins de 100 cm de haut, aux couleurs intenses en fin d'été. Toutes affichent une bonne tenue en vase. 3 plants par case (30 x 30 cm).

balsamine

Impatiens balsamina

Bonnes associations
Le chou, la laitue et la poirée

À surveiller L'excès d'humidité qui entraine la pourriture ; les pucerons.

Bon à savoir Cette plante annuelle d'origine asiatique existe en version naine et à fleur de camélia.

Cette plante annuelle au look rétro et aux tiges rigides apprécie l'ombre légère et la fraîcheur au pied des légumes-feuilles.

Quand ? Semez en place en juin.

Où ? La balsamine aime les sols riches, frais et les emplacements mi-ombragés à ombragés. Avec son port érigé, elle se glisse partout entre les légumes du potager.

Comment ? Achetez des plants à repiquer fin mai ou semez en place en juin à la volée. N'hésitez pas ensuite à éclaircir en ne gardant qu'un plant tous les 10 à 15 cm. Selon les variétés, les plantes adultes aux tiges charnues font entre 20 et 60 cm de hauteur. Elles fleurissent de juin jusqu'en octobre. Les fleurs aux coloris variés sont simples ou doubles. 9 plants par case (30 x 30 cm).

bourrache

Borago officinalis

Bonnes associations
Le souci et la capucine

À surveiller Les tiges penchent en fin de saison et qui nécessitent un tuteur.

Bon à savoir Ses feuilles au goût de concombre aromatisent les viandes et ses fleurs étoilées se mangent en salade.

À la fois officinale, aromatique et mellifère, cette annuelle facile à cultiver a sa place dans le potager en carrés — d'autant qu'elle renforce la résistance de ses voisines.

Quand ? Semez entre mars et juin.

Où ? La bourrache apprécie une terre riche et fraîche à exposition ensoleillée.

Comment ? Semez des graines en poquets distants de 30 cm. N'oubliez pas d'éclaircir rapidement. On trouve aussi des plantes en godet à repiquer au printemps. La plante, haute de 50 à 60 cm, fleurit tout l'été puis se ressème avec générosité. Vous pourrez récolter les graines entre juillet et septembre. 3 plants par case (30 x 30 cm).

capucine

Tropaeolum majus

Bonnes associations Le pois de senteur et le haricot d'Espagne

À surveiller Les tiges vigoureuses qui s'insinuent entre les légumes.

Bon à savoir Elle détourne les pucerons des légumes.

Sa grande facilité de culture, son pouvoir couvre-sol et ses fleurs décoratives font de la capucine une alliée du jardinier.

Quand ? Semez ou plantez entre fin avril et début juin.

Où ? La capucine annuelle se plait à exposition ensoleillée dans une terre pas trop riche.

Comment ? Semez les grosses graines ridées par poquets de deux à trois graines espacés de 30 cm. Après la levée, conservez tous les plants. Il est aussi possible de les semer sous abri, dès mars, en godet ou en pot. Ne les plantez que lorsque tout risque de gelée est écarté. Les variétés naines composeront de jolies bordures le long des carrés de légumes ou d'aromatiques. Les variétés grimpantes partiront à l'assaut d'un treillage installé sur la face nord du potager. La capucine fleurit de juin aux premières gelées. Les boutons et les graines peuvent se confire comme les câpres. Ses fleurs comestibles en salade, ont un goût poivré. 5 plants par case (30 x 30 cm).

dahlia

Dahlia

Bonnes associations
La bourrache, le petit pois et le haricot

À surveiller Les limaces et escargots sur les jeunes pousses.

Bon à savoir Les fleurs attirent nombre d'insectes pollinisateurs.

La vaste palette de formes et de couleurs des fleurs de dahlia autorise un décor haut en couleurs.

Quand ? Plantez en mai après les gelées.

Où ? Le dahlia réclame un emplacement ensoleillé et une bonne terre de jardin enrichie en compost.

Comment ? Plantez les tubercules en fichant en terre un solide tuteur pour les variétés les plus hautes. Les variétés naines qui peuvent constituer des bordures fleuries conviennent mieux à la taille du potager en carrés. On les trouve vendues en barquette, en mélange de couleurs, dans toutes les jardineries au printemps. Selon leur développement, prévoyez entre 30 et 50 cm de distance entre deux plants. La floraison s'étale de juillet à fin octobre. Elle peut être soutenue par des arrosages à l'engrais liquide. 1 à 3 plants par case (30 x 30 cm).

nigelle de Damas

Nigella damascena

Bonnes associations
Le basilic et le persil

À surveiller Les plantes voisines qui peuvent étouffer les plantules.

Bon à savoir Ses fleurs semi-doubles tiennent longtemps en vase.

Cette fleur annuelle aux fleurs semi-doubles et au feuillage si léger prend peu de place dans les carrés.

Quand ? Semez en place entre mars et mai.

Où ? La nigelle de Damas aime les sols légers, bien drainés et ne redoute que l'ombre.

Comment ? Semez les graines noires en place — la nigelle ne supporte pas le repiquage — à la volée ou dans des trous distants de 10 à 20 cm. La plante forme rapidement des touffes érigées, à tige fine et à feuillage très découpé. Elle fleurit pendant un mois entre juin et septembre, selon la période du semis. La nigelle aux grosses capsules de graines se ressème spontanément dans les carrés. 16 plants par case (30 x 30 cm).

pois de senteur

Lathyrus odoratus

Bonnes associations
La laitue, le persil et le radis

À surveiller Les limaces qui dévorent les plantules.

Bon à savoir Tous les pois de senteurs ne sont pas parfumés.

Le pois de senteur part vite à l'assaut d'un filet à ramer et fleurit généreusement à condition d'être nourri et arrosé copieusement.

Quand ? Semez entre février et avril ou plantez en avril-mai.

Où ? Le pois de senteur apprécie une terre fertile et légère à exposition ensoleillée.

Comment ? Entre février et avril, semez les graines trois par trois en poquets distants de 20 cm. Installez rapidement le filet ou les rameaux de noisetier qui lui serviront de support. Les pois de senteur peuvent aussi être semés en pot dès octobre, sous abri. Ils seront alors mis en place en avril. Arrosez souvent et coupez régulièrement les fleurs fanées pour prolonger la floraison de juin à fin août. Il existe des variétés buissons et naines, toujours à cycle annuel, qui ne nécessitent pas de support. 5 à 9 plants par case (30 x 30 cm).

souci

Calendula officinalis

Bonnes associations
La laitue, le poireau et le chou

À surveiller L'oïdium qui recouvre le feuillage.

Bon à savoir La fleur du souci attire le syrphe, prédateur des pucerons.

Cette annuelle florifère, très simple à cultiver, est une plante médicinale aux fleurs comestibles.

Quand ? Semez en avril-mai.

Où ? Le souci s'accommode de toutes les terres, même très sèches, au soleil ou à mi-ombre. Ses couleurs vives enchantent les bordures du potager.

Comment ? Semez directement les graines en place, en bordure du potager ou au cœur d'un carré de plantes aromatiques. Éclaircissez à 30 cm. Les fleurs s'épanouissent de juin jusqu'aux gelées, et les graines se ressèment naturellement. Des semis d'automne sont possibles en climat doux mais on peut aussi tout simplement planter, dès le mois de mai, le souci élevé en godet. On trouve des variétés à fleurs simples et d'autres très doubles, jaunes, orange, saumon et crème. Prolongez la floraison en rabattant les touffes défleuries. 5 plants par case (30 x 30 cm).

tagète

Tagetes patula et *Signata pumila*

Bonnes associations La tomate, le chou et le poireau

À surveiller Les limaces et escargots.

Bon à savoir Ces plantes annuelles protègent les légumes des parasites du sol et des insectes indésirables.

Les tagètes et autres œillets d'Inde miniatures n'ont pas leur pareil pour égayer les bordures du potager ou le pied des tomates.

Quand ? Semez à la mi-mai, plantez après les gelées.

Où ? Le tagète réclame une exposition ensoleillée et ne redoute pas les terres sèches.

Comment ? En avril-mai plantez les tagètes sous une exposition très ensoleillée à 25 cm de distance. Ils fleuriront sans interruption jusqu'en octobre. Il est possible de les semer en place mi-mai ou sous abri début mars. Pincez les jeunes plants, arrosez par temps sec et supprimez régulièrement les fleurs fanées pour éviter un dessèchement brutal. Pour gagner du temps, repiquez au printemps les plants du commerce au pied des légumes ou en bordure de carré. 5 à 9 plants par case (30 x 30 cm).

tournesol

Helianthus annuus

Bonnes associations Le haricot, la sauge et la courgette

À surveiller L'arrosage en période de croissance et la solidité du tuteur.

Bon à savoir La fleur est appréciée par les amateurs de bouquets et les graines par les oiseaux.

Géant ou nain, à fleur simple ou double, le soleil des jardins illumine les carrés du potager. Sa facilité de culture est bien connue des jardiniers.

Quand ? Semez en février ou en mai.

Où ? Le tournesol pousse bien dans les terrains bien drainés à exposition chaude et ensoleillée.

Comment ? Dans une case du potager, semez trois grosses graines par poquet rempli de terreau. Ne gardez que la plantule la plus forte. Sous abri, on peut semer en godet dès le mois de février. La tige de plus de 300 cm de haut des variétés géantes, bien que rigide, nécessitera un solide tuteur. Dans le petit potager en carré, on préfère les variétés naines, à fleur simple ou double, de 30 à 40 cm de haut. Arrosez en cours de culture. 1 à 3 plants par case (30 x 30 cm).

annexes

glossaire

A

Adventice
terme employé pour désigner une mauvaise herbe ou une plante non désirée dans une culture.

Amender
améliorer la structure physique ou le pH du sol en apportant des substances comme le sable, l'argile, la chaux…

Ameublir
travailler la terre pour la rendre plus aérée et plus perméable.

Annuelle
se dit d'une plante qui réalise, sans période de repos, son cycle végétatif complet dans le cours de l'année.

Autofertile
caractère d'une plante dont les fleurs sont fécondées par ses propres organes.

B

Billon
bande de terre légèrement bombée.

Biner
ameublir la terre superficiellement pour l'aérer, faciliter la pénétration de l'eau, réduire l'évaporation et détruire les mauvaises herbes.

Bisannuelle
se dit d'une plante qui réalise son cycle végétatif complet, coupé par une période de repos, au cours de deux années.

Blanchir
placer à l'abri de la lumière le feuillage ou les tiges des légumes pour les rendre plus tendres.

Borner
tasser la terre autour d'un plant que l'on vient de repiquer.

Bouturer
multiplication végétative par enracinement d'un fragment de plante comme la tige, la racine et parfois même la feuille.

C

Caïeu
petit bourgeon qui grossit à l'intérieur d'un bulbe comme celui de l'échalote.

Collet
partie intermédiaire entre la tige et la racine.

Couche chaude
amas de fumier en fermentation recouvert de terreau sur lequel on cultive des légumes primeurs.

D

Drageon
tige souterraine produite par les racines d'une plante pour assurer sa propagation.

E

Éclaircir
supprimer les jeunes plantes en surnombre, à la suite d'un semis, afin de laisser suffisamment d'espace aux autres pour qu'elles se développent harmonieusement.

F

Hybride F1
se dit d'un hybride de première génération issu du croisement entre deux lignées pures. Les semences sont plus chères, mais le légume est généralement plus performant.

Fonte des semis
maladie cryptogamique détruisant les plantules d'un semis trop dense, mal aérée ou trop humide.

Forçage
action mettant en œuvre des moyens artificiels comme la chaleur de fond pour hâter une culture à contre-saison.

H

Habiller
préparer une plante, avant de la repiquer, en réduisant les racines et le feuillage.

Hâtive
caractère d'une variété sélectionnée pour son développement rapide.

Hybride
se dit d'une plante, ou d'un légume, issu du croisement entre des espèces de même genre voire, dans certains cas, de genres différents.

J

Jauge
tranchée effectuée pour conserver les légumes l'hiver ou placer des végétaux en attente d'une plantation définitive ; tranchée ouverte au cours d'un bêchage.

L

Levée
moment très attendu après un semis lorsque les jeunes plantules sortent de terre.

M

Marcotter
procédé de multiplication consistant à faire s'enraciner un rameau, couché au sol ou en partie enterré, que l'on séparera ensuite du pied mère.

Montée à graines
se dit d'un légume comme la laitue qui entame ou achève sa floraison en vue de produire des graines.

O

Œilleton
rejeton que l'on sépare d'une souche comme celle de l'artichaut pour le multiplier.

P

Pincer
couper l'extrémité d'une pousse tendre avec les ongles pour favoriser la ramification.

Planche
bande de terre plus ou moins étroite consacrée à la culture d'un seul légume.

Plantule
jeune plante issue d'une graine ayant germé.

Plomber
tasser la terre à l'aide d'une planchette, du dos d'un râteau ou d'un rouleau afin qu'elle adhère aux graines.

Poquet
petit trou au fond duquel on dépose plusieurs graines.

Pralin
mélange de bouse de vache, d'argile et d'eau dont on enduit les racines d'une plante pour faciliter sa reprise.

R

Rame
support généralement fait de branchages et servant de tuteur aux grimpantes comme le haricot.

Rayon
petit sillon tracé avant un semis ou un repiquage.

Repiquer
replanter, à un emplacement provisoire ou définitif, des jeunes plants que l'on a déterrés délicatement.

Ressuyer
laisser à l'air, quelque temps, les légumes arrachés perdre un peu de leur eau avant de les stocker.

Rustique
caractère d'une plante parfaitement adaptée à un environnement et qui résiste aux gelées hivernales sous un climat donné.

S

Sarcler
détruire les mauvaises herbes à la main ou à l'aide d'un sarcloir.

Stolon
terme exact pour désigner les filets ou les coulants des fraisiers.

T

Turion
jeune pousse souterraine naissant d'une souche comme celle de l'asperge.

V

Volée
on effectue un semis à la volée en répartissant du mieux possible, à la main, les graines à la surface du sol.

index

A

abeille solitaire 28
adventice 230
ail 10, 11, 30, 32, 34, 72
ail rocambole 44
allées 15
Allium ascalonicum 104
Allium cepa 122
Allium porrum 128
Allium sativum 72
Allium schoenoprasum 186
amarante 54, 208
Amaranthus 208
amender 230
ameublir 230
aneth 42, 180
Anethum graveolens 180
annuelle 230
Anthriscus cerefolium 184
anti-limaces 28
Apium graveolens dulce 84
Apium graveolens rapaceum 86
arrivée d'eau 13
arroche Bon-Henri 44
arroche pourpre 54
arroser 32
arroser au pied 16
arrosoir 12, 32
Artemisia dracunculus 190
artichaut 10, 17, 74
asperge 17, 34
assemblage du cadre 14
attaques de parasites 10, 28
aubergine 10, 26, 36, 56, 76
autofertile 230

B

balsamine 210
barrière de cendre de bois 28
basilic 22, 46, 66, 182
basilic thaï 48
Beta vulgaris cicla 130
Beta vulgaris rubra 78
betterave 10, 32, 66
betterave potagère 78
billon 230
biner 30, 36, 230
bio 8, 28
bisannuelle 230
blanchir 36, 230
Borago officinalis 212
borner 230
bourrache 40, 212
bouturer 230
Brassica napus napobrassica 158
Brassica oleracea acephala 94
Brassica oleracea capitata 96
Brassica oleracea gemmifera 92
Brassica oleracea italica 90
Brassica rapa 120
brumisateur 32
bulbes 24
buttage 36

C

cagette 26, 34
caïeu 24, 230
Calendula officinalis 222
Capsicum annuum 136
capucine 11, 50, 214
capucine naine 40
cardon 10, 17, 80
carotte 10, 11, 18, 22, 32, 50, 82

carotte primeur 64
cassis 168
céleri 10, 11, 24
céleri-branche 84
céleri-rave 86
cerfeuil 56
cerfeuil commun 184
châssis 13, 20, 22
chicorée 10, 34, 41
chicorée frisée 88
chicorée scarole 37
chou 10, 11, 17, 22, 24, 32, 34, 68
chou brocoli 60, 90
chou de Bruxelles 10, 17, 92
chou de Chine 48
chou de Daubenton 44
chou-fleur 10, 34
chou frisé 94
chou palmier 54
chou pommé 96
chrysope 28
ciboule de Chine 48
ciboulette 40, 46, 56, 186
Cicer arietinum 134
Cichorium endivia crispum 88
Cichorium endivia latifolium 88
citronnelle 48
Citrullus vulgaris 126
cloche de forçage 26
coccinelle 28
collet 231
compost 15, 17, 20, 22, 30
compost maison 13
concombre 10, 26, 36, 98
congélation 34
conseils 16-17
conserver 34
  à la cave 34
  au grenier 34
  au réfrigérateur 34
  congeler 34
  conserves à l'huile 34
  conserves au vinaigre 34
  en jauge 34
  stériliser 34
construire son carré 14-15
  allées 15
  assemblage 14
  matériel 14
  mise en place 14
  structures 15
  terreau 14
coquelicot 41
cordeau 12, 14
coriandre 46, 48, 68, 188
Coriandrium sativum 188
cornichon 34, 36, 98
cornières métalliques 14
couche chaude 231
courge 10, 22, 32, 100
courgette 10, 15, 37, 66, 102
cresson 10, 64
cresson de Para 52
cresson de terre 58
crosne 24
crosne du Japon 62, 152
Cucumis melo 118
Cucumis sativus 98
Cucurbita maxima 140
Cucurbita moschata 100
Cucurbita pepo 100, 102
cultiver 36-37
  biner 36
  blanchir 36
  butter 36
  nourrir 37
  pincer 36
  ramer 36
  tailler 36
  tuteurer 36
Cynara cardunculus 80
Cynara scolymus 74

D

dahlia 216
Dahlia 216
damer le semis 12
Daucus carota 82
décoctions 28
déséquilibre du sol 10, 13
désherbage 30, 36
dessiner le potager 12
diversité 10-11
drageon 231

E

échalote 10, 24, 30, 32, 34, 37, 104
éclaircir 20, 231
engrais bio 37
engrais verts 22
entretenir 30
  binage 30
  désherbage 30
  paillage 30
épinard 10, 24, 58, 64, 68, 106
épinard-fraise 52
équilibre des cultures 10
escargots 28
estragon 46, 56, 190
étiquettes 12
exposition 12

F

familles de légumes 10
fenouil 10, 46, 56
fenouil bulbeux 108
fève 10, 36, 64
ficelle 12
ficoïde glaciale 52
filet à haricot 12
fleurs auxiliaires 11
Foeniculum dulce 108
fongicides 28
fonte des semis 18, 28, 231
forçage 231
Fragaria 170
fraise 170
fraisier 11, 50
framboise 172
fumier 15, 17

G

goutte à goutte 32
graines 18
  biologiques 18
  classiques 18
  en ruban 18
  en tapis 18
  enrobées 18
  hybrides F1 18
griffe à petit manche 12, 30
groseille à grappes 174

H

habiller 231
haricot 10, 15, 22, 36, 50, 110
haricot vert 66
hâtive 231
Helianthus annus 226
Helianthus tuberosus 164
hémérocalle de bordure 40
housse de protection 13, 26
hybride 231
hybrides F1 18, 28, 231
hysope 46

I

Impatiens balsamina 210
insectes auxiliaires 28
insecticides 28
interactions 11

J

jauge 34, 231
journal 26

K

kit à poser 8

L

Lactuca sativa 112
laitue 10, 22, 34, 32, 64, 66, 112
Lathyrus odoratus 220
laurier-sauce 56
lavande 42
levée 232
limaces 28
Lycopersicon esculentum 148

M

mâche 58, 68, 114
mâche chinoise 48
maïs doux 116
maladies 10, 28
marcotter 232
matériel 14
Melissa officinalis 192
mélisse 192
mélisse officinale 42
melon 10, 22, 26, 32, 36, 118
Mentha 194
menthe 194
menthe chocolat 52
mesclun 16, 58, 66, 68
mesurer la surface 12
mettre en jauge 34
mildiou 11, 26, 28
mise en place 14
montée à graines 232
mouche 10, 11
moutarde de Chine 48
mûre 176

N

navet 10, 68, 120
nématode parasitaire 28
Nigella damascena 218
nigelle de Damas 218
nourrir 37

O

oca du Pérou 52
Ocimum basilicum 182
œillet d'Inde 11
œilleton 232
oïdium 28
oignon 10, 24, 30, 32, 34, 122
oignon blanc 60
oignon rouge 64
origan 42, 46
oseille 60
oseille commune 124
oseille épinard 44
outillage 12

P

paillage 30
paillette de lin 30
panais 10, 62, 154
papillon 11
parcelle de terrain 12
pastèque 26, 126
Pastinaca sativa 154
pâtisson 100
penser son potager 12-13
perce-oreille 28
persil 10, 22, 24, 46, 56, 64, 196
persil japonais 48
persil tubéreux 62, 156
pesticides 11
petits oignons blancs 34
Petroselinum crispum 196
Petroselinum crispum radicosum 156
Phaseolus vulgaris 110
pièges à bière 28
piéride 11, 28
piment 10
pincer 36, 232

pissenlit 37
Pisum sativum 132
planche 232
planches de coffrage 14
planifier ses cultures 16
plante à huître 52
plante à œufs 52
plante à sucre 52
planter 24
planter serré 16
plants 18
plants en godet 24
plants en mottes 24
plantule 20, 26, 32, 36, 232
plomber 22, 232
point d'eau 12
poireau 10, 34, 36, 60, 66, 68, 128
poireau perpétuel 44
poirée 10, 54, 66, 68, 130
pois 10, 22, 36, 132
pois chiche 134
pois de senteur 220
poivron 10, 26, 34, 56, 136
pomme de terre 10, 24, 60, 138
poquet 22, 232
potager en carrés 8
  approche moderne 8
  concept 8
potiron 10, 15, 36, 140
pourpier 58
pourriture grise 11, 28
pralin 232
prévenir et guérir 28
protéger 26
  cagette 26
  cloche de forçage 26
  housse de protection 26
  journal 26
  voile de forçage 26
pucerons 11, 28
purin 28, 36
purin d'ortie 28
purin de consoude 28

R

radis 10, 16, 18, 50, 60, 64, 142
raifort sauvage 44
rame 232
ramer 36
Raphanus sativus 142
râteau 12
rayon 232
récolter et conserver 34
récupérateur d'eau de pluie en PVC 13
recyclage des déchets verts 13
repiquage 20
repiquer 233
ressuyer 233
Rheum rhaponticum 144
rhubarbe 17, 144
Ribes nigrum 168
Ribes rubrum 174
romarin 42, 46, 56, 198
roquette 64
Rosmarinus officinalis 198
rotation de cultures 8, 10, 17
rouille 28
Rubus 176
Rubus idaeus 172
Rumex acetosa hortensis 124
rustique 233
rutabaga 158

S

sable 15, 20, 22, 34
salade 22, 50
salsifis 146
Salvia officinalis 202

sarcler 233
sarriette 46
sarriette commune 200
Satureja montana 200
sauge 11, 46, 202
sauge officinale 42
sauge pourpre 54
scarole 88
scorsonère 10, 160
Scorzonera hispanica 160
semer 20
  à la volée 22
  en godet 22
  en place 20
  en poquet 22
  en terrine 22
  sous abri 20
semis 12, 13
serre 20, 22
silo à compost 13
Solanum melongena 76
Solanum tuberosum 138
souci 40, 222
Spinacia deracea 106
Stachys sieboldii 152
stérilisation 34
stolon 233
structures 15

T

tagète 11, 40, 50, 224
Tagetes patula 224
Tagetes signata pumila 224
taille 36
terreau « spécial potager » 14, 37
terreau spécial semis 20
tétragone cornue 62, 162
Tetragonia expansa 162
thym 11, 42, 46, 56, 204
Thymus vulgaris 204
tomate 10, 11, 24, 26, 28, 32, 34, 36, 37, 56, 66, 68, 148
tomate ananas 52
tomate cerise 50
tomate poire 52
tonneau 13
topinambour 10, 24, 32, 62, 164
tournesol 51, 226
Tragopongon porrifolius 146
transplantoir 12
treillage en fer à béton 12
Tropaeolum majus 214
tubercules 24
tunnel en plastique 13, 20
turion 233
tuteurs 12, 36
tuyau 13
tuyau suintant 32

V

Valerianella locusta 114
vers 11
verveine citronnelle 42
violette 40
vis-bois en inox 14
voile de forçage 13, 26
volée 233

Z

Zea mays 116

7331423 / 01
ISBN : 978-2-501-12045-6
Dépôt légal : février 2017
Achevé d'imprimer en janvier 2017 en France
sur les presses de Pollina Imprimerie - L78981.

Hachette Livre – Éditions Marabout
58 rue Jean-Bleuzen – 92178 Vanves Cedex

PAPIER À BASE DE
FIBRES CERTIFIÉES

MARABOUT
s'engage pour l'environnement
en réduisant l'empreinte carbone
de ses livres.
Celle de cet exemplaire est de :
1100 g éq. CO_2
Rendez-vous sur
www.marabout-durable.fr